JN077468

これからの幸福について

文化的幸福観のすすめ

Happiness

内田由紀子
Yukiko UCHIDA

新曜社

はじめに

幸せとは何か？

私たちにとって、幸福とはどのようなものだろうか。そして、何が人々を本当に幸せにしてくれるのだろうか。

安全に、健康に過ごすこと。生活が充実していること。良好な家族関係や友人関係に恵まれること。やりがいがある仕事を持つこと。さまざまなことが幸福をもたらす要素として思い浮かぶだろう。しかしどれか一つが欠けていては幸せになれないのか、逆に何か一つでも大切なものがあればよいのか。幸せな生活を手に入れるには自分の努力が必要なのか、あるいは社会のあり方がそれを可能にしてくれるのか。幸福にまつわることには実はよくわからないことが数多くある。

私たちが生活の安定と、それを可能にする経済発展を求めるのは、「日々の幸せ」と「人生の充実」の双方を得るためであろう。一方で、現在の私たちの生活を豊かにしてくれており、いまや欠かせないと考えられるような、物質やインフラ、あるいは社会制度がない時代にも、おそらく人々の幸福は存在していた。生活上の目標が達せられたときや、家族や仲間集団から大切にされたときなどは、当時の人々も幸せを感じていたのではないだろうか。それらは現代の生活にも通じるような普遍的な幸福といえるのかもしれない。

幸福には普遍性と、状況依存性がある。また、たとえば楽天的な性格の人はどんなことにも幸福を感じやすく、逆に悲観的な人は幸せが舞い込んでも安心できないなど、個人によってもその感じ方には違いもある。考えてみると、幸福とは長らく人々の生活上のテーマとなってきたものの、つかみどころがない、とても不思議な概念である。

二一世紀に入り、経済成長の停滞、少子高齢化、地方自治体の消失危機、災害への危機管理など、高度経済成長期にはみられなかった問題が顕在化している。こうしたなか、社会科学領域のなかで分野横断的に「幸福感」研究が大きく取り上げられるようになってきた。ためしにGoogle scholarで「well-being」や「happiness」をキーワードに検索してみると、とくに一九九〇年代後半から研究の数がぐっと伸びてきていることがわかる。エド・ディーナーやキャロル・リフなどをはじめとする心理学者による、幸福感研究への貢献があり、多くの幸福感についての実証研究論文が呈示されてきた（大石、二〇〇九）。

もちろん幸福の重要性についての議論は古くから存在した。アリストテレスの時代から、倫理学や哲学において幸せとは何かが論じられてきたし、一九世紀の経済学にも功利主義のように国民国家の最大幸福を目標とするような理論が登場している。一方で、幸福のようなあいまいな概念について真剣に研究するのは哲学者や心理学者ぐらいだろうと考えられていた。実際、一九八〇年代前半までは心理学においても主観的な幸福に切り込むことは難しいと考えられる傾向があり、客観的な観察が可能なデータの測定が研究の主流であった。幸福感は主観的なものであるため、「測定」を行い、さらに「比較」することについては、経済学でも心理学でも、長く懐疑的な議論が先行していたのである。

その代わりに、国民の生活の「豊かさ」を示す指標として世界中で用いられてきたのは、経済指標のGDP（国内総生産）であった。幸福はある種「霞」のようなものであり、金銭という「実」に置き換えた議論でなければ、具体的な意味をもたないという風潮もあっただろう。

しかしいまやそのような状況は過去のものになりつつある。現在では経済学や政治学、社会工学など、より客観的な視点を用いる分析を好む分野の研究者からも、「幸福」はその国や社会のあり方を示す重要な指針の一つとして注目されている。そして幅広い研究フィールドの協働が進み、数々のトップリサーチャーが生み出されている。

幸福度という主観的指標が果たして妥当なものであるのか、尺度の信頼性は十分に検証されているのかという懸念は、おそらく現在においても完全に払拭されたわけではないだろう。しかしこの十数年の幸福感研究の蓄積は、主観的幸福感についての尺度が十分な情報価をもつことを示してきた（大石、二〇〇九）。もちろん今もGDP指標が主として用いられる傾向は継続しているが、幸福のような主観的な指標を加えて心の豊かさが表されるようになったことは、社会科学にとっても、そして政策の観点からも、非常に重要な分岐点ではないだろうか。

実際こうした動きは、政治や経済の実社会のなかにもインパクトをもちはじめた。内閣府では二〇一〇年に「幸福度に関する研究会」が発足し、二〇一一年一二月に指標案が発表された。国際的にみても経済協力開発機構（ＯＥＣＤ）やイギリス、フランス、ドイツでも指標づくりが進められている。また、「幸せの国」といわれるブータンのGNH指標（国民総幸福度：Gross National Happiness）が世界的な注目を集めるなど、幸福度指標を活用し、社会制度や政治のあり方を評価してみようとする動きがあちこちでみられる。

文化的幸福観

筆者自身、幸福の研究に着手したのは二〇〇〇年代前半頃であった。当時もまだ幸福度指標の応用的側面について公的な機関が真剣に議論することはなかったように思う。しかしその一〇年後にはあちこちで幸福度指標を作成しよう、という声が聞こえるようになってきた。あっという間に「幸福」はさまざまな場所で議論されるようになった。たとえば新聞では世界の幸福な国のランキングが発表されたり、「世界一幸せな国はどこか」という特集が組まれるようにもなった。さらには「日本は幸せな国か、不幸せな国か」というテーマがよく取り上げられるようになった。

しかしそれゆえに、「ちょっと待てよ」と思うようなものもたくさん目にすることになった。たとえば幸せな国と不幸せな国がある、幸せな県と不幸せな県がある、という議論である。それはいったい何に基づいて測定されたものなのか、具体的な「中身」は非常に見えにくいなかで、ランキングだけが一人歩きしてしまい、その国や地域のイメージをつくり出してしまうことがある。幸せや不幸せという言葉は私たちにとって身近であるがゆえに、その中身を議論することは忘れられがちである。しかし何か「測定」が行われた結果であれば、どのようにして測定されたのかをきちんと知らなければならない。

幸福は個人が感じるものでありながら、何を幸福と感じるかは実はその人が生きる時代や文化の精神、価値観、地理的な特徴を反映している。たとえば自然のなかで過ごすことで感じる幸福、消費のなかで感じる幸福は、どちらも幸せをもたらすものでありながら、前者はより自然豊かな地域で、後者はより都市的地域で感じられるものであり、農村部と都市部では幸せに関する考え方が違っているかもしれない。幸福はどのような状況に暮らす人もある程度理想とする感情状態でありながら、「どのように幸福を得るのか」はやはり文化によって異なっているだろう。

このような幸福についての考えは「文化的幸福観」（内田・荻原、二〇一二）と呼ぶことができる。文化的幸福観は、文化を構成する価値観や人生観を反映して成立している。社会生態学的環境（生業あるいは気候など）や宗教・倫理的背景などにより、人々が実際に追求する幸福の内容は異なっている可能性がある。文化・思想的背景がいったんできあがれば、人々は「幸福とは〇〇なものである」という文化的幸福観を教育などにより意識的・無意識的に再生産し、その文化内の他者の幸福の感じ方にも違いを与えるかもしれない。そしてどのようにして幸福を得ようとするか、どの程度の幸福を求めようとするかなどの幸福への動機づけのあり方も異なってくるであろう。

筆者の専門は文化心理学である。人の心の働き、たとえばものの考え方、意思決定の方法、他者とのつながり方、自分自身についてのとらえ方、感情の経験の仕方など、多岐にわたる心理活動が、「文化」という現象とどのように関わっているかを実証的に研究する分野である。文化という「マクロ」な社会現象と、一人ひとりの心の働きという「ミクロ」な心の現象との相互作用を理解することは、社会科学が一つの命題として目指してきたことである。多数の研究の知見から、ものの見方や人間関係についての理解、他者の行動の原因の考え方などが、文化を切り離しては理解できないということが示されてきた。すると、幸福も国や時代によって、異なるのかもしれない。「幸福はどのように私たちが暮らす文化と関わっているのか」――そんなことを知りたいと思いながら研究を進めてきた。この問いは、筆者が学生時代に古典文学に関心をもち、「平安時代に生きる人々はどんなことを楽しく幸せだと感じていたのだろう」と想像しながら源氏物語などを読んでいたことの延長線上にある。私たちが目指している幸福とはいったい何だろうか？　本書では文化というキーワードからそこに迫っていきたい。

目次――『これからの幸福について』

■装　幀＝桂川　潤

第一章　幸福感のワールド・マップ

幸福の定義

幸福はどのように定義できるだろうか。主観的な幸福感（Happiness, subjective well-being）は、「喜びや満足などを含んだ、ポジティブな感情・感覚」として定義することができる。美味しいものを食べたときや、気持ちの良い温泉に入って一息つき、「ああ、幸せ！」と感じるときのような状態である。

一時的な感情状態だけではなく、自分の状態や人生に対する評価や心理的安寧（well-being）も主観的幸福感には含まれる。「自分のこれまでの人生は幸せなものであったなあ」と感じることや、「家族の幸せが私の幸せ」というようなときに使われる「幸せ」は、より持続的な、人生や日常に対する評価を含んだ概念である。

辞書において幸福はどのように定義されているのだろうか。英語辞書での「幸福」定義の変遷を検討している研究によると（Oishi et al., 2013）、より古い定義においては幸福を「運の良さ」とする考えがみられていた。しかし、近代化とともに幸福は「個人が自力で獲得する」あるいは「個人が感じるもの」とする要素が強くなったという。そして一九六一年のWebster's Unabridged Dictionaryにおいて、幸福は「持続的な安寧状態を指し、単に満足を感じているような状況から、人生における深い喜びに至るまでの範囲を含み、その持続性が自然にわきあがるようなもの」として定義されるようになった（翻訳は筆者）。現在、主に北米を中心に行われてきた心理学における幸福感研究においては、個人の長期的なポジティブ感情と人生における評価の双方で定義されている（Diener & Suh, 2000）。

「瞬間的喜び」と「人生の意味」

また、主観的幸福感を、短期的な「瞬間的・感覚的喜び」あるいは「快感情」（これを古代ギリシャの「快楽主義：ヘドニズム」からヘドニア〔hedonia〕という）と、長期的な視点でみて、人生における「意味」や「方向性」を感じること（これをアリストテレスが使った用語から、ユーダイモニア〔eudaimonia〕という）とに分けて議論することがある。簡単に言えばヘドニアは快楽主義、ユーダイモニアは生きがい追求主義といえるだろう。ヘドニアは日々の幸せを感じていること、ユーダイモニアは社会の中でのつながりや貢献意識、自分の人生に何らかの方向性を感じるかどうかという程度で測定される。ユーダイモニアについてはリフ（Ryff, 1989）が「自己受容」「個人の成長」「他者との良い関係性」「自律性」「自分の周りにある環境を制御すること」「人生における目的意識」として定義している。また、ヘドニアはディーナー（Diener, 2000）のいう「ポジティブ感情」「ネガティブ感情」「人生の満足」として定義されることが多い（が、人生の満足はよりユーダイモニア的であるともいえる）。

この二つは個人差としてみると、高く相関することが知られている。たとえば毎日快感情を感じている人ほど、人生における意味も感じているということになる。しかしこの二つは異なる概念でもある。快感情は人生の意味にはつながらないような、利那的な場面（たとえば普段は行かないのにたまたま行ったギャンブルに興じるなど）で瞬間的に感じられることがある。また、人生の意味は時には快楽からは遠いような、日々の苦しい努力の上に見出されることもある。ユーダイモニアのほうが、周囲にいる他者や集団にとってはメリットがあることが大きいともされている（Huta, 2013; Huta & Waterman, 2014）。時にヘドニアを追いかけることは、周りを省みない状況ともなるからである。

総じて、ヘドニアが経験に即した幸福感情であるのに対し、ユーダイモニアはより広い視点で人に生きる意義や幸福を感じさせる機能をもつ評価的幸福であるといえる。筆者自身が示した研究のように、大きな災害の報道に接した時にヘドニア的には悲しみが増しネガティブな感情が生じるが、そうした中で新たな未来に向かって自分の人生を見直し再評価しようとすることでユーダイモニアが上昇することもある（Uchida, Takahashi, & Kawahara, 2014）。

人々はヘドニアとユーダイモニアの両方を追い求めるものであり、その「良いバランス」が重要であるとされている。ヘドニアは現在の気分を良くするが、あまりにそればかりを追い求めると、時にはつらい気持ちを味わうことも必要となるような、人生の意義を得るための努力を回避することにつながってしまう。一方で将来のユーダイモニアのために日々があまりにつらいことばかりだとすれば、努力を継続するのは難しくなってしまう。

近年では生理学的な観点から、ユーダイモニアは心的にネガティブな状態（孤独感など）にさらされたときに発生する身体的炎症反応（Conserved Transcriptional Response to Adversity：ＣＴＲＡ：循環器系疾患にもつながるようなネガティブな生理反応）を低下させる働きがあるのに対して、逆にヘドニアには一貫した結果はみられず、むしろこれを上昇させてしまうこともあることが見出されており（Fredrickson et al., 2015; Kitayama et al., 2016）、相関関係が高いとされる二つの主観的な状態は、実は異なる働きをもつことも示されている。

社会の幸福

一方、社会学や経済学では、よりマクロな視点に関心がもたれる。そして、幸福な共同体・社会（国）とはどのようなものかという研究が行われている。国の裕福さや福祉状態などを測定し、「豊かさ」を「幸福さ」と定義づけて検討がなされてきた。ＧＤＰなどの経済指標も、ある種マクロな幸福度指標の一つに位置づけることができるかもしれない。

マクロ指標と、主観的で個人的な経験としての幸福との間には、その定義に一定の乖離が存在しているので、そのギャップを埋めようとするときには、それなりの「理屈」が必要になる。最大多数の最大幸福

（ベンサム）の定義に基づくならば、幸福な個人がたくさん存在する社会は幸福な社会ということができる。逆に国全体が豊かならばそこに住む人々も豊かである（にちがいない／べきだ）と結論づけることも可能であろう。

一方で実際の社会と個人の間には、単純な関係性ばかりが存在するわけではない。個人にとっては幸福や快楽に結びつく行動が、社会全体にとっては必ずしも良い状態をもたらさないこともある（「共有地の悲劇」。第八章参照）。たとえば自分が楽をするために公共の適当なところにゴミを投棄すれば、その個人にとっては目の前からゴミがなくなったという望ましい状態になるかもしれないが、それは環境に悪影響を与えることになりかねず、そのことは翻って自分の周囲の状態を悪化させ、自らが住みにくい環境を作ってしまい、結果として幸福を損ねることにもつながる。あるいは逆に、公共や集団の規範や圧力のために、個人の思いが犠牲になってしまう事象も存在している。たとえば地域活動の参加を義務づけられた場合には、他にやりたいことがあるという希望は満たされないことだろう。

このように、個人と集合の幸福の問題はなかなか一筋縄ではいかない。本書はあくまで心理学の立場で記載するものなので、ここで紹介する知見の多くはまずは個人の幸福についてのものとなる。しかし社会のなかでの幸福にも視野を広げて論じてみたい。では、日本社会、そして世界の幸福の状態は、どのようなものであろうか。

お金のある国が幸福？

幸福についての多くの議論は「お金」や「物質」と切り離せない。あなたはお金持ちになりたい（あるいはお金持ちでよかった）だろうか。あるいはもっと裕福な国や地域に生まれたかった（あるいは生まれてよかった）と感じているだろうか。もしお金持ちになりたいとすれば、それはなぜだろう？　お金によって手に入るものにより、究極的には幸せになれると考えているからではないだろうか。たとえば最近の傾向として、先進国では子育てに多額のお金をかける傾向があることが知られている。これはお金をかけて「子どもに投資」し、良い教育を受けさせ、あるいは良い学校に通えるような地域に住むことが、子どもの将来の社会的地位や経済状態を保証し、それが子どもの「幸福」につながると考えるからに他ならない。

それでは実際に、経済的に豊かな国は幸福なのだろうか。国単位で考えると、お金と幸福は、ある程度「イコール」とみなすことができるという考え方が主流である。つまり、豊かな国＝幸せな国、という定義である。この考えに基づけば、幸福の指標はごく単純に、GDP（国内総生産）を用いればよいということになる。

幸せイコールお金という考え方は、とくに経済的には苦しい地域や国において、より顕著になる傾向がある。日本においてもとくに高度経済成長の時代には、経済的な豊かさが心の豊かさと結びつけられがちであった。生活が苦しいときには、まずは目に見える物質的豊かさがなければ幸せになれないと考える

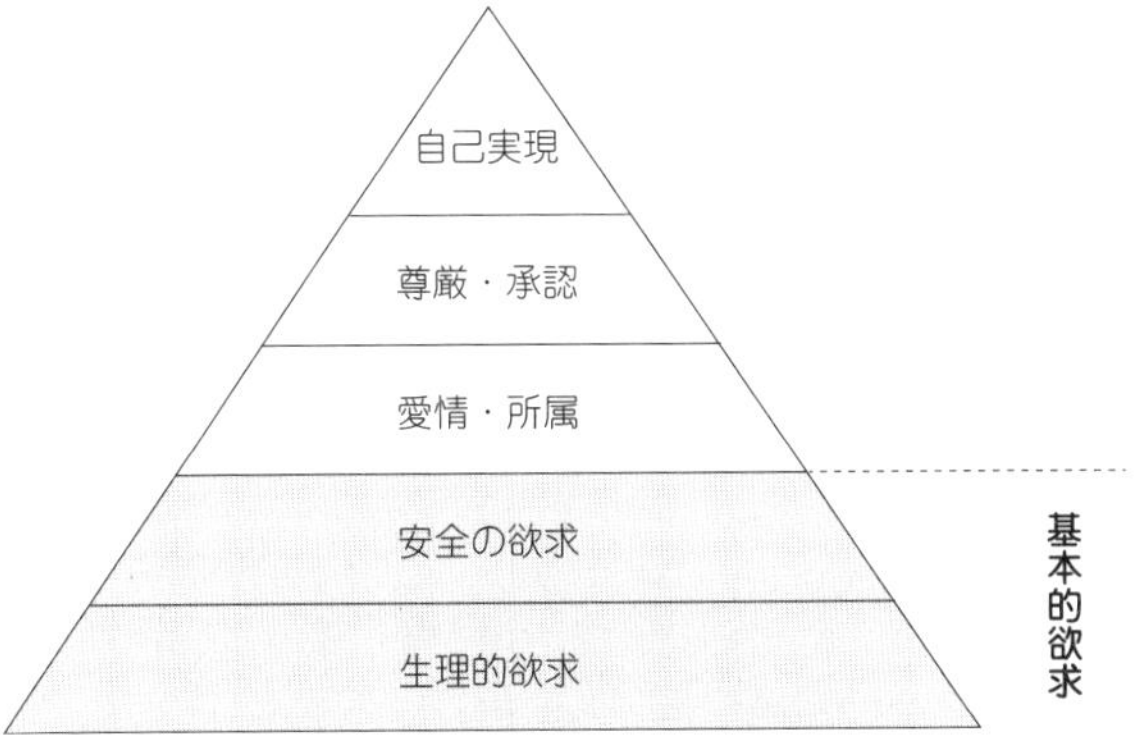

図 1-1　マズローの欲求段階説

傾向をもつのは、ある意味当たり前の人間の本性といえるのかもしれない。しばしば引用されるマズローの達成水準（図1－1）に従うならば、人にとっては、基本的な欲求である「生理的欲求」「安全の欲求」を満たすことが必要である。そこが満たされてこそより高次な欲求である社会関与や自己実現の充足に向かうことができる。基本的な欲求を満たすためには一定の経済水準が必要になるだろう。実際、住環境のインフラや安全性が失われると、私たちはなかなか「心豊か」ではいられないだろう。これは、「必要最低限の経済的基盤」の重要性を意味する。

戦後間もない頃の日本においては「三種の神器」、さらに高度経済成長期には「新・三種の神器」など、インフラや道具が調い、暮らしが便利になっていくことが幸せな生活の基本とされていた。たしかにそのことで余裕が生まれ、さまざまな家事労働の煩雑さから解放されていった。こうした目に見える豊かさは、幸せをもたらしていくという手応えがたしかにあったにちがいない。国が安定し成長するとともに、マズローの言うところの人々の生理的欲求や安全の欲求が満たされていった時期でもあったのだ。

一方で、社会的な所属意識や自己実現が、経済的に豊かになってからしか問われない価値だというのは言い過ぎであろう。人間が歴史的に長らく集団で生活してきたという事実を鑑みると、他者から承認されたい、あるいは尊敬され、大切にされたいという欲求は、たとえ生活が苦しい時代あるいは場所においても存在していると思われる。

また、経済イコール幸せという図式には限界もある。たとえば「お金持ちになればなるほど、心豊かに暮らせるのか?」という問いに対しては、YESとは言い切れないということがデータでも示されている。経済状況が良くなることで、新たな社会問題がもたらされることがあるからだ。たとえばインフラサービスと利便性がある都市に人々の職場や住居が集中し、人口密度に偏りが生まれてしまう。その結果として、とくに都市部で人々の生活が自然から切り離され、あるいは通勤・通学に多くの時間が割かれ、余暇の楽しみを享受できなくなることもある。都市の拡大と都市生活者の大量消費に伴う、燃料や資源の持続可能性の問題も深刻になってしまう。こう考えると、お金のある国イコール豊かで幸せな国、と言い切ってしまうことは難しい。経済成長の時代が終わりにさしかかろうとしている今、幸福感の再定義が問われているのではないだろうか。

OECD（経済協力開発機構）はこの問題に正面から取り組もうとしている。二〇一一年にOECDはBetter life indexを提案し、幸福度を測定してそれぞれの国・文化のあり方を検証している。ためしにこのウェブサイト（OECD, 2017）を見てみると、報告書には次のように記載されている。

・すべてにおいて強みのある国はない。それぞれの国に強みと弱みが存在する。
・世帯収入など、ある側面の幸福については国のGDPが関連している。しかしGDPが高い国においてもワークライフバランスの不均衡や、無職になるリスクなどがある。
・同じGDPレベルの国にも分散がある。
・結論：つまり、GDPのみを指標として幸福を理解するのは難しい。

以前はGDPと経済成長・発展が主な指標だったのが、GDPだけでは幸福を理解できないと明記されるようになったのはある意味驚くべきことでもある。経済成長がもたらされた後には、働き方や家庭生活などの時間の使い方、そして環境への問題が起こっていることが指摘されている。近年では不平等や格差の問題にもフォーカスが当てられている（OECD, 2017）。

ブータンは「幸せの国」として名をはせているが、経済的には世界のなかの最貧国に位置づけられている。国民もその状態をよしとはしておらず、経済的自立を目指している。一方で経済的豊かさと心の豊かさは必ずしもイコールでないことも意識されている。心豊かに暮らすためには、森林とのつながりなど、経済以外の条件も（経済開発の犠牲にされずに）整っている必要があるという視点から、政策的意思決定がなされている。つまりブータンからは、先進諸国のようになれば本当に国民が幸せになるのか？という問いかけが提示されているのだ。実際、現在では「経済成長ノットイコール幸せ」という考え方が再評価されつつあり、ブータンの「GDPよりGNH（国内総生産より国民総幸福）」という試みにも注目が集まるようになった。

イースターリンのパラドックス

ＧＤＰと国レベルの幸福の関係をみてみると、経済的に豊かな国のほうがより幸福度（人生の満足感）が高いという相関関係が認められる。図1―2にもあるとおり、ＧＤＰはある一定程度まで、国の平均的幸福レベルを上昇させる効果をもっている。同様の効果は地域レベル（州の豊かさ指標―経済や教育水準との相関）でもみられる（Florida et al., 2013; Lawless & Lucas, 2011; Rentfrow et al., 2009）。つまり経済的な豊かさは、少なくともある一定程度は重要なのである。ちなみにＧＤＰと幸福度の図にあるような関係は、別年度のデータでも追試されている。

しかし同じ国のなかで経済成長したとき、より幸福感が高まるかといわれると、必ずしもそうではないという矛盾も存在する。なぜならば、①経済指標と幸福感が正の相関関係を示すのは経済的に豊かではない国々においてであり、ある程度の経済状態になると主観的幸福感との関係は直線ではなくなる（Inglehart et al. 2008; Veenhoven, 1999）、②経済指標と主観的幸福感は、国単位の分析（ある国全体の主観的幸福感が別の国全体より高いかどうか）では統計的にはある程度は関係が示されるものの、同国内の個人差においては意味ある関係を見いだされないこともある、③経済状態が幸福感にもたらす影響は経済の発展による「個人の自由な生活の保証」による効果が大きく、経済自体が直接的に幸せをもたらすわけではない（Fisher & Boer, 2011）、ということである。

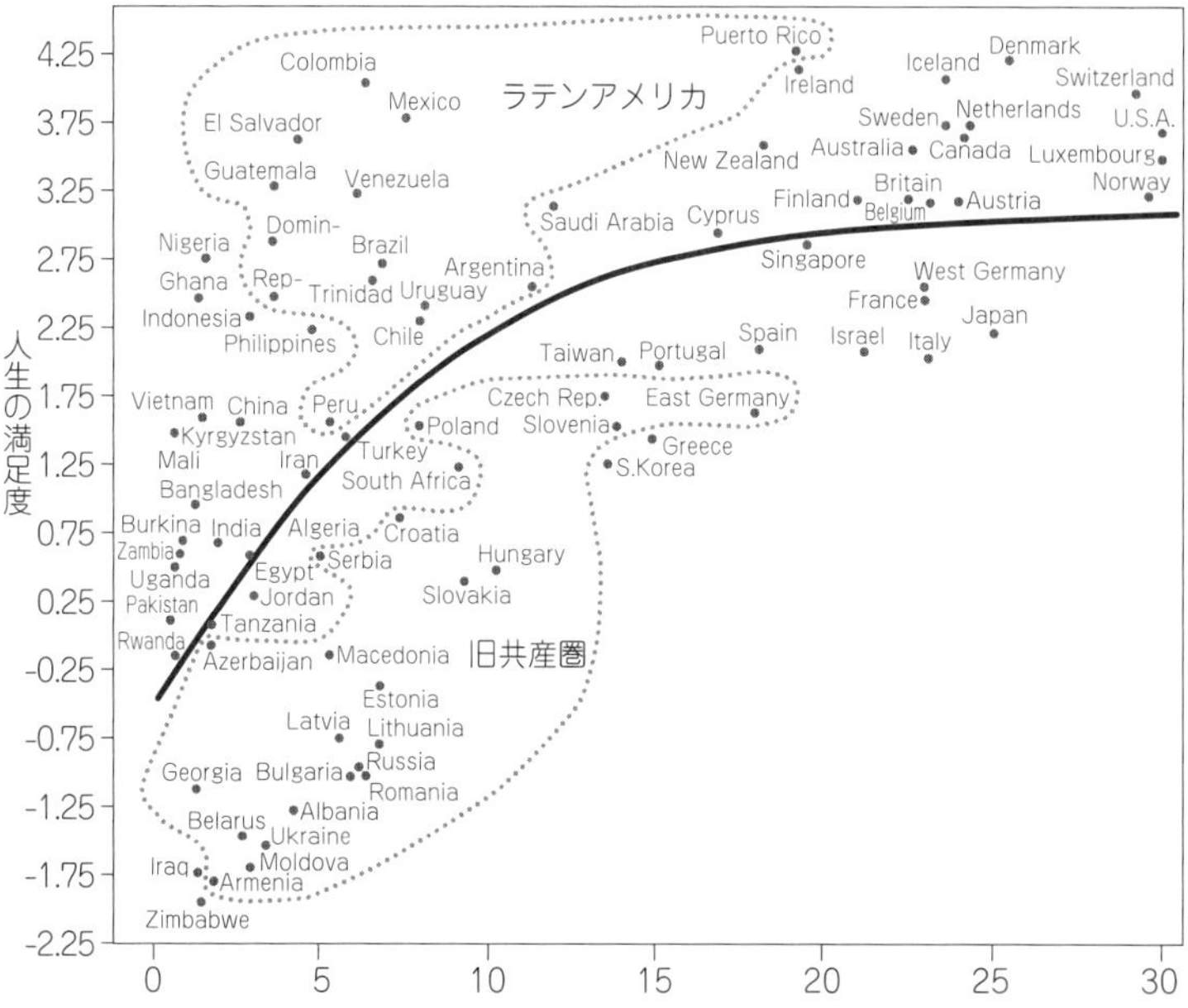

図 1-2　GDP と主観的幸福感（Inglehart et al., 2008）
横軸は一人あたり GDP、1000 ドル単位

一定程度の経済水準に達すると、GDPの上昇と主観的幸福感は関連しなくなることは、「イースターリンの幸福のパラドックス」（図1―3）といわれる有名な議論のなかで、一九七〇年代前半に指摘されている。

このパラドックスが存在する理由は何か。第一に、人間の心には物理的あるいは社会的環境に対しての「慣れ」が働き（たとえば周りにあるインフラ環境に日々感謝と幸福を感じることは少ない）、いったん物理的環境が整えば、今度は所属欲求や社会的な地位あるいは承認などに関する高次の欲求が生じてくることによる（図1―1参照）。

第二に、GDPが上昇することでいわゆる「勝ち組」と「負け組」といわれるような格差が生み出されることに

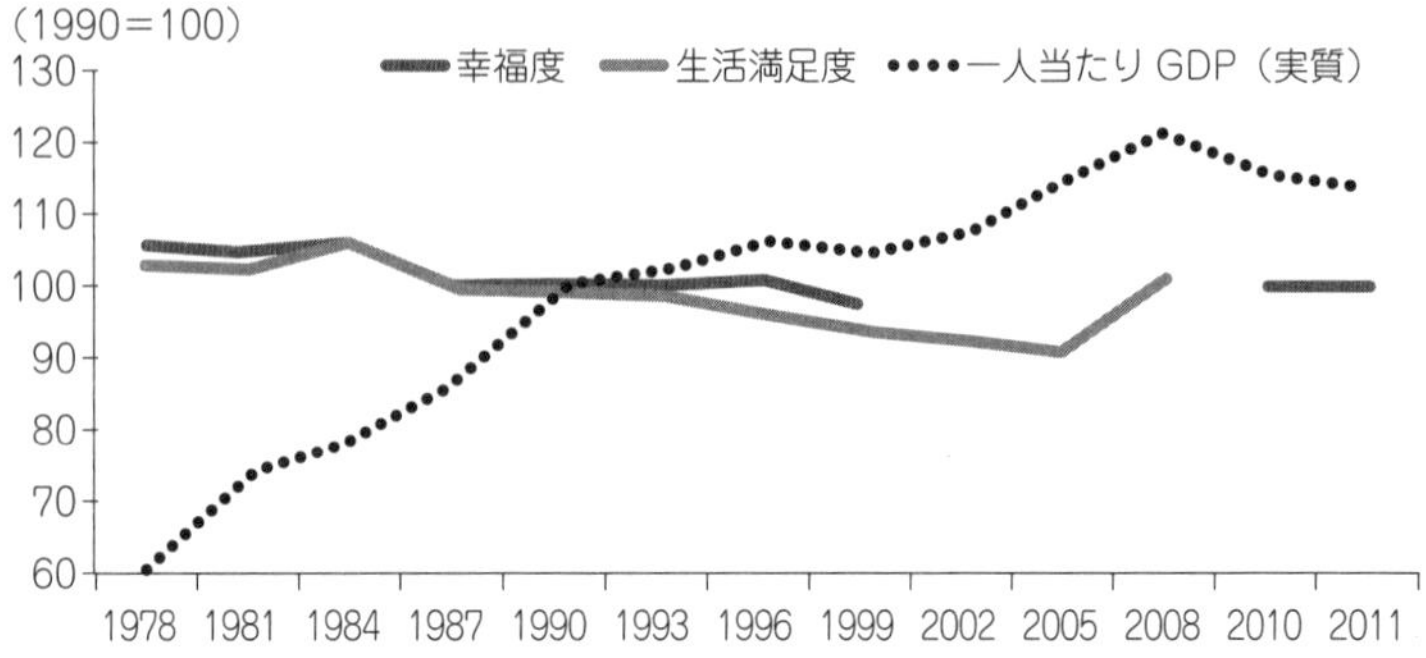

図 1-3　幸福のパラドックス（Easterlin, 1974）

2011 年 12 月「幸福度に関する研究会報告」より。「幸福度」「生活満足度」は、内閣府「国民生活選好度調査」における 3 年度ごとの回答に基づく平均値を、1990 年を 100 として相対化したもの。GDP が上昇している時期にも、幸福度や生活満足度は横ばいである。

より、低所得者層の公平感が減じられ、社会全体の幸福感が低下することがあげられる（Oishi et al., 2011）。実際、アメリカでのＧＤＰの上昇をみてみると、生活を豊かにしているのは一部の富裕層であり、大方のアメリカ人は豊かにはなっていなかった（つまり格差が上昇した）。そして、イースターリンのパラドックスが経験されている国（アルゼンチンやポルトガルなど）では経済「格差」の上昇がみられていたのに対して、パラドックスが示されなかったフランスやイタリアでは格差が広がっていなかった（Oishi & Kesebir 2015）。

第三に、ＧＤＰの上昇により、豊かな環境資源が損なわれるなどのネガティブな側面が生じることがあげられる。

現在さまざまな分野の研究者が、経済状態、労働環境、家庭環境、自然環境など、さまざまな要因のバランスをとりながら最適な幸福状態を目指すにはどのようにすればよいのか、という問題に取り組んでいる。経済的な豊かさは重要であるが、ＧＤＰイコール幸福として扱うのではなく、あくまでGDPに代表される経済状態は、幸福を高める要因の一つとして捉えることができよう。

文化的気質と幸福

GDPと主観的幸福感の図（図1―2）をみると、他にもいくつか興味深いことがみえてくる。幸福と経済は一定水準の経済的環境が満たされるポイントまでは、正の相関関係をもつ――つまり、経済的に豊かになればなるほど、国の幸福度が上昇することがわかることは先述した。しかし、よくみてみると、経済的に豊かな国群（いわゆる先進国）の幸福度の散らばり方は小さいのに対して、経済的にあまり豊かでない国の幸福度の散らばり方はきわめて大きいことがおわかりいただけるだろう。そこには、この図を作成した研究者であるイングレハートが指摘しているとおり、文化的気質が関わっている。

GDPが低くても幸福度が高い国は、南米・中米のラテンアメリカ系の国に多い。コロンビアやグアテマラなどである。経済的要因をコントロールすると、ブラジルやチリ、アルゼンチンなどの国で幸福感が高く、これに欧米諸国が続き、日本など東洋では幸福感は低くなる（Diener & Suh, 2000; 大石、二〇〇九なども参照）。ブラジルでは日常的にポジティブな感情を体験することが重要視されている。幸福な感情を示すこと自体が他者への配慮であり、社会的規範となっているという（de Almeida & Uchida, 2020）。一方で文化的気質としてポジティブ感情を表出することが必ずしも社会的に良いことだと捉えられない気質・

価値観をもつ国もあるだろう。日本の会話では愚痴や困っていることに対することが多いが、ブラジルでの状況はこれとは正反対に感じられる。

先進国の幸福

GDPが高い国々の幸福度には、それほど散らばりは大きくないものの、国による差異は一定程度存在する。最も注目されているのはデンマークやノルウェーなどの北欧諸国の幸福度の高さである。北欧は社会保障が手厚くそのぶん税金は高いが、医療や教育の福祉が充実していることがその理由ではないかと分析されることが多い。北米（アメリカ・カナダ）の幸福度も高い。これに比べると日本の幸福度はやや低い。アメリカ国内の時系列分析では、さまざまな国において社会変化（自由選択の増加）と幸福感の上昇とが関連することも示されており（Inglehart et al., 2008）、どちらかといえば個人の自由と権利を保障する国において幸福度が高まりやすいという結論が導き出されている。日本ではこのいずれも高くはないのだが、日本の幸福感の低さについては後に詳しく述べる。

一定水準の経済状態を実現した社会においても、さまざまなリスクを背負っているケースもある。近年ではテロの問題など、先進国がターゲットとなる危機が多発し、社会不安が増加している。また、先進国のほうが概して出生率が低く、社会の持続性や家族のあり方などが問われることも多い。社会の工業化による人口移動がもたらした都市部への集中なども関係しており、「労働と生産のバランス問題が発生し

表 1-1　OECD による幸福度（人生の満足度）ランキング

1. フィンランド	15. ベルギー	29. リトアニア
2. ノルウェー	16. ルクセンブルグ	30. スロベニア
3. デンマーク	17. アメリカ	31. ラトビア
4. スイス	18. イギリス	**32. 日本**
5. アイスランド	19. チェコ	33. 韓国
6. オランダ	20. メキシコ	34. ロシア
7. カナダ	21. フランス	35. エストニア
8. ニュージーランド	22. チリ	36. ハンガリー
9. スウェーデン	23. ブラジル	37. トルコ
10. オーストラリア	24. スペイン	38. ポルトガル
11. イスラエル	25. コロンビア	39. ギリシャ
12. オーストリア	26. スロバキア	40. 南アフリカ
13. ドイツ	27. ポーランド	
14. アイルランド	28. イタリア	

2017 年が最新版（OECD, 2017）

ている日本は不幸せな社会である」という論調は、社会保障の手薄さや、家族や地域との関係の希薄化、あるいは日本全体の東京への集中を招いてしまった都市計画の甘さなどが指摘されることが多く、これらは「先進国的課題」であるといえる。

幸福のランキングはなぜ問題か

幸福感研究は、アカデミックな意味でも、政策提言的な意味でも、国別あるいは県別や仕事別などの「比較」が頻繁に行われる領域である（とくにメディアにおいてそのような取り上げ方がなされている）。しかしこの際に注意すべきは、集計値の比較からの結論の単純化である。さまざまな国のあり方を比較してみることは、ある意味非常に有意義でありながら、一方で議論を単純化させる恐れがあるのだ。幸福は比較文化で用いられやすい概念であり、ＯＥＣＤが呈示する世界ランキング（表１−１）

表 1-2　人生満足感尺度
(Satisfaction with Life Scale: SWLS; Diener et al., 1985)
評定方法については本書 25 ～ 26 ページを参照。

1．私は自分の人生に満足している
2．私の生活環境は素晴らしいものである
3．だいたいにおいて、私の人生は理想に近いものである
4．もう一度人生をやり直すとしても、私には変えたいと思うところはほとんどない
5．これまで私は望んだものは手に入れてきた

には注目が集まる。しかし幸福の「中身」の文化的違いは考慮されずにランキングがつくられているため、「その比較は本当に正しいのか」という問題提起を行う必要がある。

ランキングというのは非常にわかりやすく「市場価値」を整えて示したものである。市場価値は本質的には多様に評価されるべきものである。自動車を例にあげれば、エンジンの性能や、燃費、見た目、ブランド価値などが総合的に判断されるし、どこに価値を置くかには個人の自由が存在するだろう。「ある国に住むと幸福になれるかどうか」というのは車のそれと比べればさらに「多様」であるため、市場価値の一元化が難しい。しかしあいまいなターゲットにさえ何らかの価値基準を設け、ランキングをつけて住みやすい国はどこか?としてしまうのが、指標による価値の一元化の怖さである。筆者はこれはある種の「価値の植民地化」ではないかとも感じる。

これまで北米で開発されてきた幸福に関する評定尺度（表1－2）を用いると、一貫して日本での評定は低くなることが知られている（前掲した図1－2を参照）。日本の幸福度は低いところに位置していることをもって、「日本社会は経済水準の割に不幸である」と結論づけられることもしばしばある。実際、北欧の国々に比べて、日本の福祉政策やワー

クライフバランスの充実などは「まだまだ」なのかもしれない。

一方で、幸福のあり方は本当に一次元的なものさしで測定して、比較することができるのかを考える必要もある。尺度項目は、ある文化のなかにある「幸福とはどういったものか」という志向性の影響を多分に受けていることがあるので、他の文化で作成された指標をそのまま翻訳して用いるだけでは不十分なのである。

また、表1－2に示した尺度は「自分」に注目し、何か理想的な状態の「獲得」を目指す価値が多く含まれている。日本では果たしてこれらの要素は重要視されているだろうか。もしもこうした定義があまりに日本の幸福感にあてはまらないとすれば、尺度への回答は低くなっても不思議はないといえる。

尺度の回答には、文化的な反応バイアスもある。日本ではよく極端な回答が避けられる傾向にあり、「非常によくあてはまる」や「全くあてはまらない」という回答よりも「どちらでもない」や「ややあてはまる」という回答が選ばれやすい。回答時には参照点の違いも影響する。自己の幸福感などの判断において、日本では周囲の日本人との比較が、アメリカでは周囲のアメリカ人との比較が用いられるといったように、比較対象が文化によって異なっているならば、それぞれの回答を直接比較することには問題があるだろう。たとえば周囲が裕福な住民の多い町で、自分の裕福度を尋ねられたときと、相対的に自分よりも裕福でない住民が多い町で同じことを尋ねられたときでは、多少なりとも回答は異なる（Heine et al., 2002）。

さらにいえば、国により幸福の最適値が異なっている可能性もある。理想の幸福については後述するが、より穏やかで「日常的な、普通の状態」の幸せを理想とするならば、一〇〇点満点の幸福を求めることには少し心理的抵抗を感じ、「七〇点ぐらいが理想だ」と考え、自らの幸福の状態の評価もその理想状態との比較の中で評定されることになる。総じて、文化の異なる国ごとに単純に平均値の比較をして「幸福度得点の高いAは低いBよりも幸せな国だ」と結論づけるのは早急で、実質上の意味を見いだすのが難しいのである。つまり、平均値の比較よりもそれぞれの国や文化における幸福感の構造や、何が幸福と結びつきやすいか、といったパターンを分析することのほうがより情報価値が高いといえる。幸福の指標づくりをするならば、その結果のまとめとして幸福度ランキングをつくるのではなく、幸福とは何かを問う土壌をつくることが肝要である。

第二章　幸福の測定と利用

幸福度指標

ＧＤＰが万能ではないことが指摘されはじめている一方で、幸福度に関する主観的な指標（主観的幸福感）についてはこの二〇年で多くの研究が積み上げられるようになり、心理学者のみならずいまや経済学者など、幅広い研究者が幸福について測定している。これは幸福の実証的知見の蓄積や調査方法の確立という、心理学をはじめとした社会科学的手法の発展の功績にほかならない（Oishi, 2002）。つまりようやく心の豊かさ、幸せの「中身」をめぐる科学的な議論の土壌が醸成されてきたのである。これまで二〇年ほど社会科学が取り組んできたさまざまな研究からは、「社会が個人の幸福を知り、考えること」の必要性と、そのための指標づくりについて一定の知見が積み重なってきたといえる。

主観的幸福感の指標はＧＤＰに取って代わる指標というわけではなく、経済指標やその他の客観的指標とあわせて検証することによりその有効性を増すものとなる。

かつては幸福度を「指標」として用いることには懸念が示されていた。「個人の幸福は人それぞれだから国や政府・自治体が介入すべきではない」「そもそも幸福なんて測定できないだろう」というものである。その意見には筆者も共感する部分がある。幸福はGDPなどの外的かつ客観的な指数と異なり、個人の「気持ち」や「考え」に大きく左右されるものでもあるし、そうした心の動きを数値化することに抵抗感がある人もいるだろう。では目に見える「行動指標」ならば良い指標と言えるのだろうか。自殺率は何パーセントだったか。失業率はどうか。こうした統計をみたときに、「きちんと測定されているのか」と懐疑的になる人は少ないであろう。しかし客観的に観察可能な「行動」の変数として示されている行動指標統計にも、実際には人の意思決定や心の働きが含まれている。人の幸福という、より外から観察しにくいものについて測定をしていく努力は、人の心を扱う心理学や精神医学などで行われてきた。それは心の中の状態が、その後の行動を一定程度予測し、そのことが行動の予防面においては重要な意義をもつからである。たとえば自殺につながってしまうような心的状態を知ることは、その防止には重要である。

また、個人をとりまく客観的な要件がどのようなものであったとしても、その状況を「評価」し、そこから幸せや不幸せを感じるのは個人の主観であり、決して無視することはできない。その状態を正しく知るための測定尺度の開発は、心理学の重要な仕事の一つである。

個人の幸せはその個人が暮らす環境や文化社会的要因についての状態を示すものでもある。つまり公共の政策や意思決定にも関わるものである。ここは誤解がないように強調しておきたいが、幸福度指標を測定することは、ある社会や環境の状態に対して「幸福と思え」という感情コントロールを行うためではなく、社会全体が「幸福を支える要件」に思考をめぐらせるために行うべきだということである。

主観と客観

主観的な判断には個人の「認知枠」が用いられる。そしてその認知枠は状況により変動する。大石による研究（Oishi, 2002）では、日米の調査参加者に、二週間にわたって「その時に感じている」幸せを含むさまざまな感情経験の強さを評定してもらっている。その後「二週間を振り返って」総じてどのような感情が感じられたかを評定してもらう。すると「その時々での現在の感情」の判断には日米での文化差はほぼみられないものの、二週間を「振り返って行う」判断には日米差が生じており、アメリカ人のほうが日本人よりも「良い感情をたくさん感じていた二週間だった」と判断する傾向がみられたのである。つまり、ある場面で経験される感情と、後になってからその時の感情について振り返って行う判断には「ずれ」が生じているのである。その時の感情と後からの判断、このどちらもが、人々の意思決定や行動に関わる重要なものである。

このように書くと「やはり主観的指標は使えない」と結論づける読者もおられるかもしれないが、そうではない。私たちの「認知のくせ」を正しく知ることにより、より妥当性が強く検出力のある指標や調査票を作成することも可能になる。たとえば「はしご型尺度」は「あなたの思う最高の人生を一〇点、最低の人生を〇点とした場合に、あなたの人生は何点ですか」という形で尋ねているが、これは最高の人生

（裕福で人間関係にも恵まれた生活を思い浮かべる人が多い）と最低の人生（戦時下や飢饉など、明日の命もわからないような生活を思い浮かべる人が多い）を想定させることにより、個人の認知枠（この場合は考えうる幸福度評価の上限と下限についての理解の枠組み）を一定にし、より比較可能な形にしようとする試みである。もちろんこのような認知枠の設定が個人の幸福感を測定するものとして適切なのかどうかには議論の余地がある。しかし逆にいえば、認知枠とその状況変動性を考慮しない調査や指標により、かえって結果が歪められてしまう可能性もある。先にあげた例にあるように、その時々での感情判断と、振り返って行う感情判断には違いがあるにもかかわらず、片方だけの評価により「日米では幸福度に違いがある（あるいは、ない）」と結論づけてしまうことには注意が必要となる。こうしたことを認識したうえで、調査を多角的に実施する必要がある。

主観的指標だけではなく、幸福度調査にはしばしば、「幸福さ」を表すとみなすことができるような客観的な数値が用いられることがある。代表的なものに県別幸福度の調査（坂本・幸福度指数研究会、二〇一一）がある。この研究においては社会経済統計のなかから地域住民の幸福度を示していると思われる数値（出生率、持ち家率、保育所定員比率、離職率、労働時間、交通事故件数など）を抽出して検討している。こうした客観的指標はとくに政策評価や経済学・社会学など、心理的な調査を用いない手法の研究領域において重宝される傾向があり、そうした研究の結果として、税制状況や（Oishi et al., 2011）、地域の社会関係資本（Helliwell & Putnam, 2004; Ram, 2010）などがそこに暮らす個人の幸福に影響を与えることなどが明らかになってきた。

しかし一方で、「本当に持ち家があることが幸福か」を問うことも重要なことである。車や家を持つことが幸福に与える意義は、土地柄や時代などによって変化するはずである。客観的指標のみに偏ってしまうと「〇〇な状態が幸福だ」という定義を押しつけることにもなってしまう。反面、主観的指標だけに偏る場合には、「主観にすぎない」という批判が出る。このため、自治体などでの幸福度指標作成においては主観と客観の両方を用いようとする傾向がみられるようになってきた。二〇一〇年に発表された内閣府の幸福度指標はそのような構成になっていた。

これらを統合的に検討するためには、より良い統計的な解析をしなければ、主観と客観は互いに別々に分析され、参照しあうことができなくなる。そのために現時点で最もうまく統合できる可能性がある分析方法として、マルチレベル分析が用いられるようになってきた（清水、二〇一四）。マルチレベル分析とは、個人差のみならず、各個人が所属する集団の影響も考慮に入れた、階層構造をもつデータの分析を行う手法である。たとえばある会社の従業員一〇〇〇人に調査をするときに、その一〇〇〇人の個人差のみを分析する（たとえば個人の健康度と週当たりの労働時間の関係をみて、労働時間が長いほど健康が損なわれているとする）のは「個人レベル」の分析である。また、その会社に部署・セクションが二〇個あり、健康度が良く休職者が少ない部署と多い部署があるとして、部署ごとの仕事量との関係を分析するならば、それは「部署レベル」の分析となる（たとえば仕事量が多い部署ほどその部署に所属する従業員の平均健康度が悪い、など）。しかしいずれかのレベルの分析だけでは見えてこないことがある。たとえば個人レベルの分析だけでは、部署ごとの環境の違いを考慮することができない。また、部署レベルの分析だけでは、ある部署に特定の傾向をもつ個人（日常的に運動をしている人たちなど）がたまたま集まってしまったことによる影響を取り除くことはできない。そこで「個人レベル」と「部署レベル」、いずれの効果も同時に調べるのがマルチレベル分析である。両方のレベルでの分析を行うことで、たとえば「細かいミスのチェックを指示する制度があるような部署では、労働時間の長さが健康を損ねる影響が（ほかの部署よりも）強い」などの問題が見えてくることがある。

このように、マルチレベル分析を用いると、集合レベルでの現象と個人の主観的幸福感との関わりを知ることが可能になる。国の経済状態（GDP）や経済格差（ジニ係数）が、どのように「個人の」幸福感に影響を与えるのかなどを具体的に検証する研究がなされている（Oishi et al., 2012）。

人生満足感尺度

心理学調査で最もよく使われる主観的指標は、人生に対する主観的な評価を表す「人生満足感尺度」（Diener et al., 1985）、感情経験を調べる尺度（ポジティブ感情経験・ネガティブ感情経験の頻度や経験の強さを尋ねるもの）、そしてはしご型尺度（Cantril, 1965）である。これらの主観的指標における信頼性、さらには行動指標や生理指標との関連を裏づけることによる妥当性の検証が幸福感の心理学研究において行われてきた。

「人生満足感尺度（Satisfaction with Life Scale：SWLS）」は幸福感研究の世界的権威といえる、エド・ディーナー教授ら（Diener et al., 1985）が開発したものである。項目は第一章の表1－2（一六頁）を参照いただきたい。

この指標は五項目のまとまりもよく、期間をあけて実施したときの再現性も高いことが知られている（Diener et al., 2013; Pavot & Diener, 1993）。さらには自己評価と他者評価での一致率も一定程度みられる（Vazire, 2006）。

さて読者の皆さんにも自分自身の人生満足度をチェックしていただきたい。先の五つの質問に、「非常にあてはまる」場合には7点、「あてはまる」場合には6点、「ややあてはまる」場合には5点、「どちらともいえない」場合には4点、「ややあてはまらない」場合には3点、「あてはまらない」場合には2点、「全くあてはまらない」場合には1点をつけて、五項目の合計点を出してみてほしい。

ディーナーらの基準では、左記のようになる（Diener & Biswas-Diener, 2008）。

［31点〜35点：非常に満足度が高い］自分の人生に満足し、生活状況も良好。仕事、家族、余暇、健康などへの満足度も高い。

［26点〜30点：十分に満足している］満足度は高いが、もっと良くなる要素もある状態。基本的には幸福度が高い。

［21点〜25点：やや満足している］おおむね満足度は高いが、いくつかの領域において改善の余地がある。理想からの多少の乖離がみられる。

［20点：中間］うまくいっている側面もあれば、うまくいっていない側面もある状態。

［15点〜19点：やや不満な状態］たまたま何か不幸な出来事が起こった直後に回答した場合には仕方がない。しかし一時的ではなく、常にこのぐらいの状況なのであれば、改善の必要がある。あるいは生活状況で

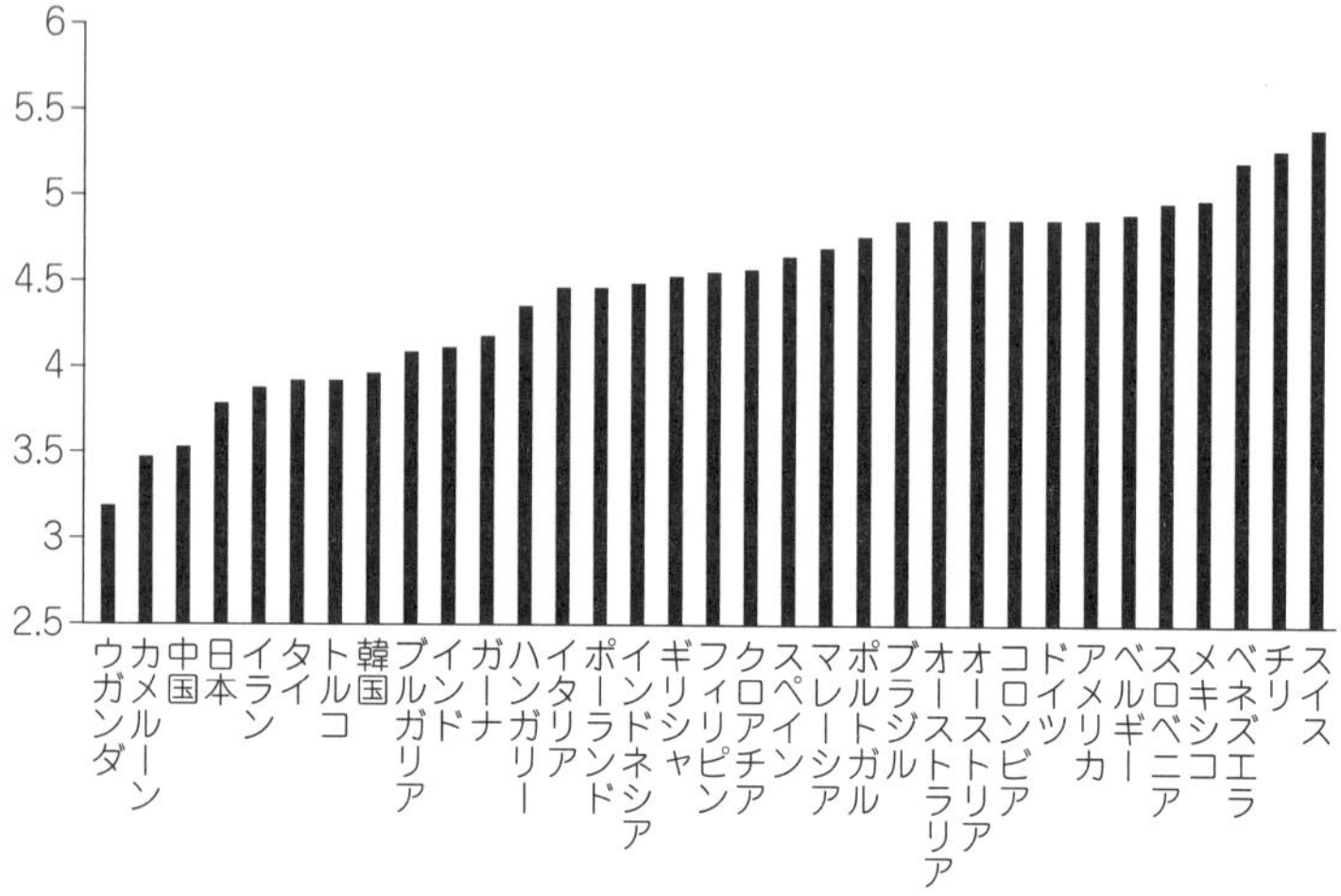

図 2-1　人生満足感尺度の平均値。クペンスら（Kuppens et al., 2008）の表 1 の数値をもとに作成

はなく、自分自身の理想の状態を変えたほうがよいのかもしれない。将来は今より良くなると考えているようならばそれほど問題はない。

〔10点〜14点：不満な状態〕もしも不幸な出来事により一時的な気分の落ち込みが経験されているならばよいが、そうではないとすれば、改善方策を真剣に考えたほうがよい状態。

〔5点〜9点：かなり不満な状態〕一時的な気分の落ち込みではないとするならば、実質的な支援やサポートが必要な状況。

さてあなたの得点はどうだったであろうか。もしかすると「結構低くなってしまった」と不安になった方も少なからずおられるのではないだろうか。

幸福感に文化差があることは先に述べたとおりだが、実際、日本では人生満足感尺度の得点は低くなってしまう傾向がある。図2－1は上に述べたような1～7点での得点の五項目平均が縦軸に並んだものである。国別平均をみると、日本の平均は3・81点であり、人生満足度はディィーナー基準によると「やや不満な状態～中間」となる。これに対してスイスの平均は5・41点で「十分に満足している」、アメリカでも「やや満足している」となる。あくまで調査対象者の平均点がこの状態であることを考えると、日本ではだいたいの人が現状にやや不満を感じながら、まあこんなものか、と思っているという状態になる。

協調的幸福尺度

人生満足感尺度は「これまで望んだものは手に入れてきた」など、個人の獲得に基づく評定が前面に出ている。もちろん個人的な達成は日本の幸福の定義にも含まれる。しかし日本では穏やかで、人並みの、また、自分だけではなく他者とともに実現される幸福が重要になることも多く、人生満足感尺度ではあまりうまく日本の幸福感が捉えきれていないという可能性がある。

筆者がかつてアメリカに留学していたある日、たまたまいろいろなことがうまくいっていた時期があった。しかしそんなとき、ふと不安が頭をよぎった。「最近やけに仕事もうまくいっていて、調子がいいけれど、本当にこれで大丈夫なのだろうか？」と。それから数日後、（情けないことに）階段から転がり落ちて、足をねんざする怪我をした。そのときの痛みは相当なものだったが、その瞬間に「ああ、これでちょうど釣り合った。この程度で済んでよかった」という気持ちになり、少しホッとしたものである。この話

表2-1　協調的幸福尺度（Hitokoto & Uchida, 2015）

以下の文それぞれについて、「1. 全くあてはまらない」「2. あまりあてはまらない」「3. どちらともいえない」「4. ややあてはまる」「5. 非常にあてはまる」のうち、あてはまる数字１つを選んで回答してもらう形式

1．	自分だけでなく、身近なまわりの人も楽しい気持ちでいると思う。
2．	周りの人に認められていると感じる。
3．	大切な人を幸せにしていると思う。
4．	平凡だが安定した日々を過ごしている。
5．	大きな悩み事はない。
6．	人に迷惑をかけずに自分のやりたいことができている。
7．	まわりの人たちと同じくらい幸せだと思う。
8．	まわりの人並みの生活は手に入れている自信がある。
9．	まわりの人たちと同じくらい、それなりにうまくいっている。

を研究室のアメリカ人たちに話したところ、誰一人からも同意は得られなかった。彼らは「うまくいっているときは、ますます良いことが起こると思うし、不安など抱く余地はない」というのである。

しかし、日本においてはこの概念はかなりよく浸透している。「禍福は糾える縄の如し」や「好事魔多し」ということわざを、誰でも一度は耳にしたことがあるだろう。「人生満足感尺度にすべてあてはまると思っているような人はどこかで頭を打つかもしれない！」と捉えられることもあるだろう。日本の人々はもっと穏やかで平和な幸福を願っている。行き過ぎない、ささやかな幸福が続くことである。あるいは他者との関係を考慮に入れている。人並みで、周りと調和した幸福感。そんなことを測定することはできないだろうか？

そこで筆者ら（Hitokoto & Uchida, 2015）は、日本的幸福の定義に基づく「協調的幸福尺度」を開発した。項目は表2－1のとおりであり、人生満足感尺度とは雰囲気が異なっていることをおわかりいただけるだろうか。

実際、協調的幸福尺度（人並み感や他者の幸福などが含まれ

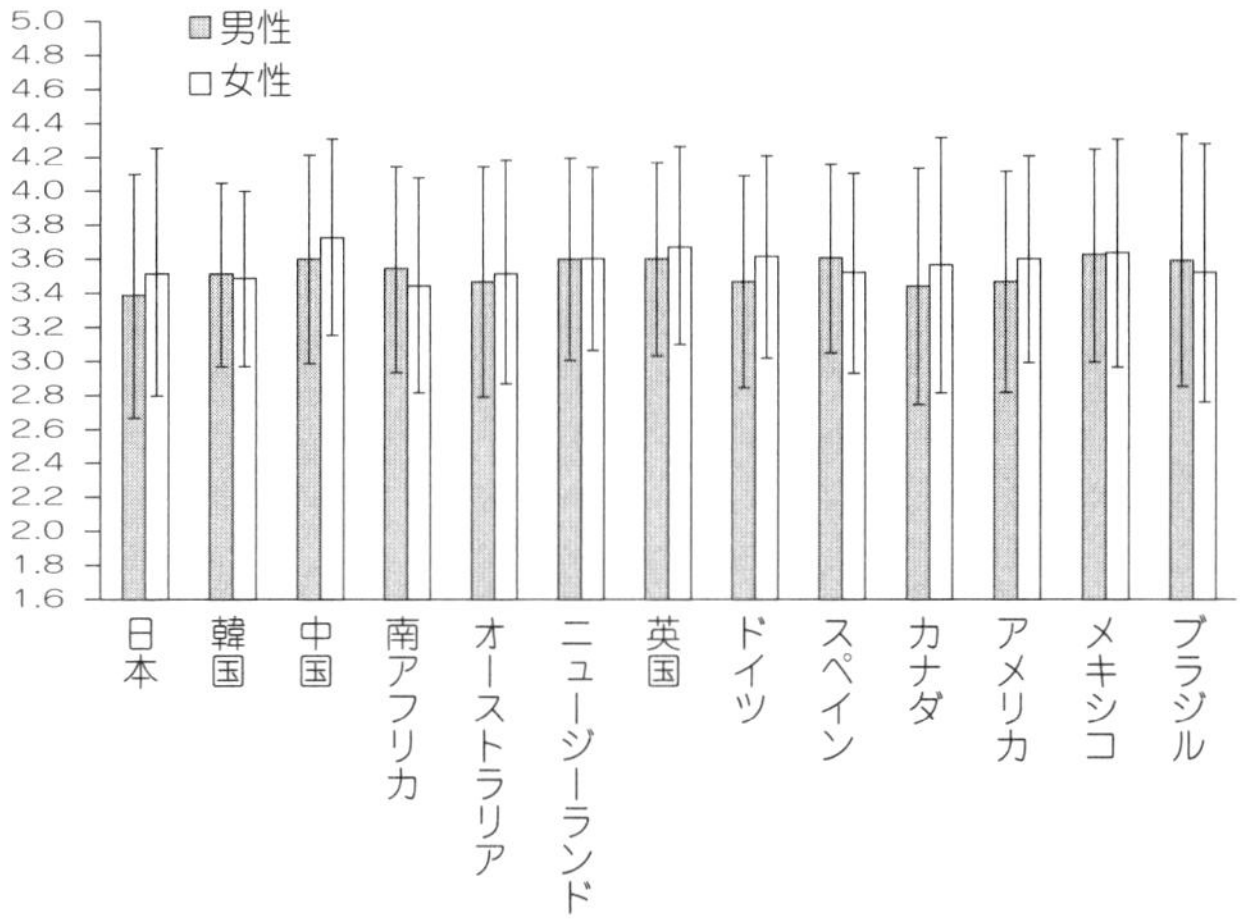

図 2-2　子安ら（2012）より。協調的幸福尺度では文化差は小さい。

る）を用いると日本は欧米と比較しても低いスコアにはならないことが確認された（図2―2）。また、協調的幸福尺度は日本だけではなく、他の国でも一定の妥当性をもっていることが確認されている。穏やかで人並みな生活、周囲との協調という概念は文化を超えて共有されている理解でもあることがわかる。

拡大・成長する社会には北米モデルが、脱成長社会には日本モデルが、それぞれ適合しているように考えられる。資本が拡大していくときには北米モデルで個人の利得を最大化することが、効率良く社会の歯車を回すことになるだろう。しかしながら新たに投入される資本に限界が見える脱成長社会においては、個人の幸福を最大化するための無理な投資をするよりも、他者と分かち合いながら、あるいは「ほどほど」の幸せを追いかける徐行運転が社会の持続性を担保するのではないだろうか。

表2-2　OECD幸福度白書で用いられている
国ごとの算出可能な客観的指標群の例

家計調整純可処分所得	出生時平均余命
家計保有正味金融資産	長時間労働
就業率	学童期の子どもを持つ母親の就業率
長期失業率	学歴
フルタイム就業者の平均年収	生徒の認知技能
一人当たり部屋数	投票率
基本的な衛生設備の欠如	殺人発生率

幸福感のマクロ指標

個人の幸福について尋ねる指標については開発が進んできたものの、国や地域などのマクロな単位を基盤とした幸福感の測定ということについてはまだ確立したものが提示されていない。私たちはどのようにして国全体あるいは地域全体の幸福度を扱うとよいのであろうか。

一つの考え方は「客観的指標」に限ってしまう方法である。一章でも取り上げたGDPがその代表選手である。そのほかのレベルの客観的指標として取り上げられるものは、OECDの取り組みをみてみるとリストアップすることができる。たとえば表2－2のようなものである。

「主観と客観」の項目で前述したとおり、客観的指標は「人々の幸福」と関連することが想定される変数群であり、幸福そのものを測定しているわけではない。実際、OECDの報告書によると、国を単位として、表2－2に示した客観的指標群と、国の生活満足度の平均値の関係をみてみると、当然のことながらばらつきがあった。国全体の生活満足度との相関が高いのは所得や住居に関する指標群であり、殺人発生率との相関は意外に低い（-0.10）。つまり、この場合幸福度指標により向いている指標と向いていない指標があるということになる。しかしもちろんその国の中で「この国の幸せは犯罪が少ないことである」と定義するならば、たとえ主観指標との相関が低いといっても犯罪率は重要な指標として測定と分析を続けることに意義はある。

もう一つの考え方は国ごとの主観的指標の「平均値」を用いて、国のマクロ指標とするという方法である。日本居住者のある程度の数をサンプリングし、幸福感の回答を得て、平均値を算出すれば、年度ごとの変化なども追うことができる。内閣府が行っている国民生活選好度調査や、ＯＥＣＤの調査などでもこの方法が用いられている。客観指標と主観指標の平均の関連については、平均幸福度と国のＧＤＰの関連（だいたい.50前後の中程度の相関がある）に代表されるように、一定の妥当性や信頼性も確認されている（Diener et al., 1995; Inglehart et al., 2008など）。

一方で、国民の幸福の「平均」が本当に良い指標といえるかどうかは検討の余地もある。幸福の格差が存在している場合、平均だけではその性質がみえてこず、むしろ幸福度の高い人が低い人から何かを「搾取」することで平均の高さを成り立たせている可能性も否定できない。こうしたことから、幸福の格差指標など、別の観点からも分析を行っていくことが重要になると考えられる。

比較文化と指標

指標作成をする際には、国や地域文化の実情あるいは考え方や方向性をふまえた「独自性」と、比較を可能にするような「共通性」の二本の刀を持つことが必要であろう。指標からは相対的な比較を通じた現状分析が可能になる。自分たちが普段当たり前だと感じていて、気づかないような特徴や、見落とされてきた価値などを、比較によって発見できることがある。

しかし、幸福についての考え方や、そもそものスタートラインが異なれば、他の国や地域が使っている指標のみを使用しても、あまり効果的な活用につながるとは言いづらいだろう。また、尺度の回答には、第一章にも述べた通り、文化的な反応バイアス（日本では前述のとおり、尺度の極の使用が避けられる傾向にある）や参照点による判断の違いが存在しうる。単純に比較をして「幸福度得点の高いAは低いBよりも幸せな国だ」と結論づけるのではなく、それぞれの国や文化における幸福感の構造や、何が幸福と結びつきやすいか、といったパターンそのものの違いを分析し、検証できるようにしておくことが重要である。

第三章で述べる通り、指標は政策活用に用いられることも多い、重要なものである。ただ単に測定をし、簡単に数値を見るというだけではなく、幸福の中身に迫るような詳細な分析を行おうとする姿勢や、そもそも指標選びそのものの時点で、測定する場所における幸福とは何かをしっかりと考える機会をもつことが肝要である。

第三章　幸福度指標と政策

内閣府「幸福度に関する研究会」

日本においても、人々の幸福を測定し、政策評価に反映しよう、そして日本の目指す国づくりの一つとしていこうという目標のもとに、二〇一〇年に内閣府で「幸福度に関する研究会」が設置され、二〇一三年まで活動が続いた。

筆者もこの研究会で指標づくりを進めたメンバーの一人である。構成メンバーは経済学者や公共政策、社会学の専門家など多岐にわたり、指標案を作成するなかでは、さまざまな議論が行われた。

主な論点をあげてみる。

①主観的に経験される幸福ならびに客観的な幸福を指標化し、その幸福感に影響を与える要因を検討する

ことの是非。客観的指標と主観的指標をどのようにそれぞれ用い、両立させるのか。
②ＯＥＣＤなどが実施している国際比較と、日本独自の幸福感を入れていくことのバランス。
③医療や介護、子育てなど、社会保障に関わる問題をはじめとする政策決定において、個々人の価値観や主観的幸福感の数値を活用するにはどうするべきか。そのために、ライフステージや世代差を考慮した調査を実施し、世代ごとに異なる幸福のあり方を検討していく必要性があること。
④個人の幸福度だけではなく、世帯あるいは社会全体の幸福度も測定し、集団内外の格差を考慮したうえで、目指す指針を議論するための材料とする。単純に平均値を上げるのではなく、格差が広がっていないかなどを注視する必要があること。
⑤県別のランキングなどを知りたいという要望があり、また、単一の数値で表される「幸福度」の指標があるとわかりやすいという声もある。しかし幸福は多面的なものであり、単なるランキング競争になることのネガティブな側面を考慮して、指標は単一指標にはせず、県別ランキングの公開は行わない。

実際、研究会が呈示した二〇一一年一二月の報告書においては、幸福度を一つの数値で表す「統合指標」の策定は行わないことが明記されている。「統合指標化については、幸福度指標の目的を日本社会の良い点、悪い点を明らかにし、対応を検討することにおいていることから、統合指標で一つに表すことは逆にそれぞれの分野での特徴を隠すことにつながる」（内閣府、二〇一一）と記載されている。統合指標は外部的にはわかりやすいという利点がある一方、分野ごとの特徴が覆い隠されることや、統合化の際に用いられる重みづけの方法によって歪みをもってしまうことの危険性があると判断されたのである。

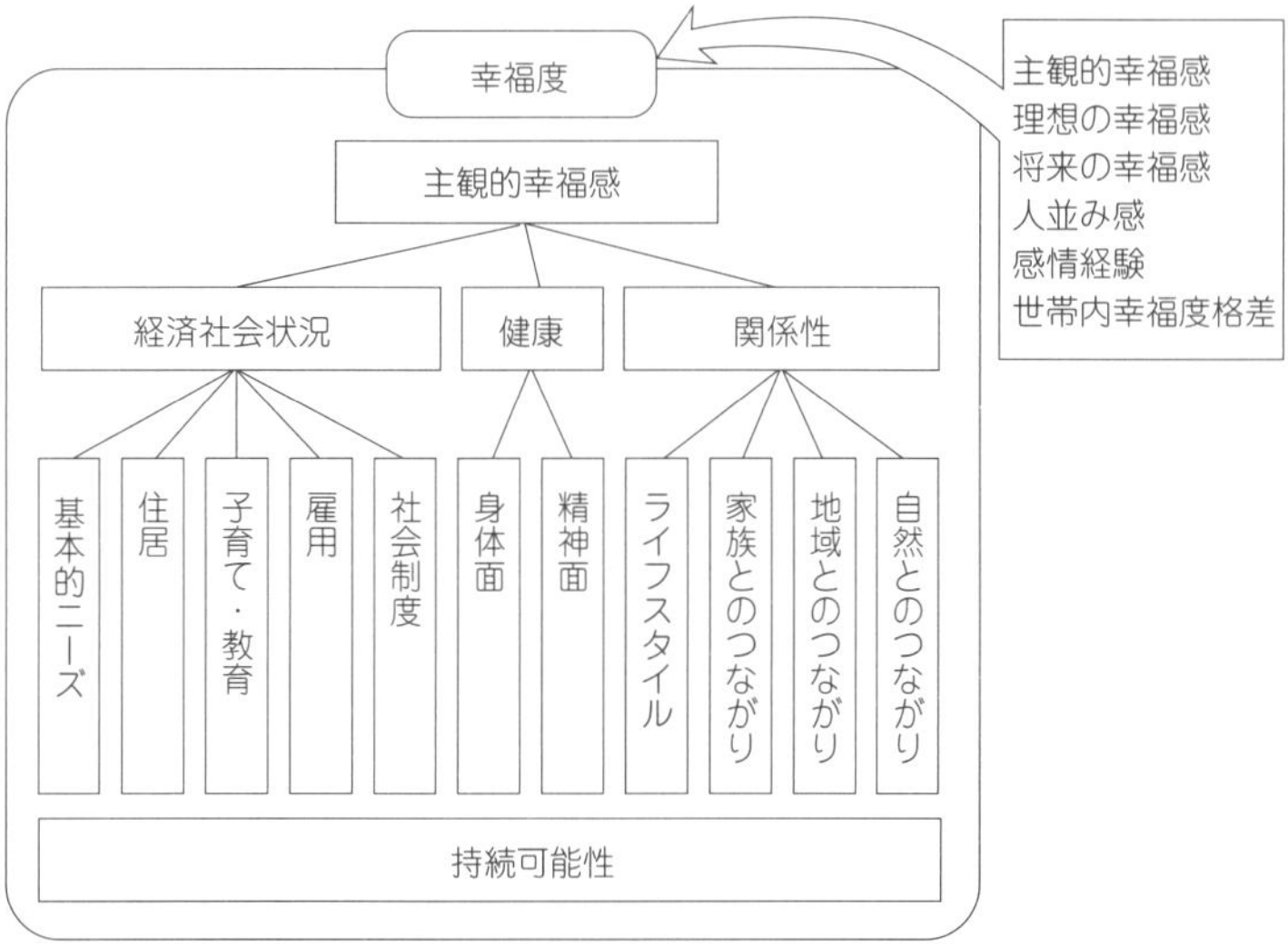

図 3-1　内閣府幸福度指標案（2011 年 12 月発表）

「経済社会状況」「（心身の）健康」「関係性」を三つの柱とし、「持続可能性」についても別立てで重視。

研究会が二〇一一年一二月に呈示した指標案においては、幸福度やポジティブ・ネガティブな感情経験、人並み幸福感を含む「主観的幸福感」（＝従属変数としての幸福）と、それを支える三つの柱として、「（心身の）健康」、仕事や住環境などの「経済社会状況」、そして家族や地域・自然とのつながりなどの「関係性」を含めている（図3－1）。またこれとは別に「持続可能性」の軸を設けて検証することとを試みた。さらに世代差も考慮に含めている。

それぞれの柱におけるサブカテゴリー（雇用状態や仕事の満足度など）についての測定指標が策定され、客観的指標と主観的指標の両輪あわせて一三〇あまりが案として提出された。詳細は内閣府「幸福度に関する研究会」のウェブサイト

（内閣府、二〇一一）を参照いただきたい。

この研究会は、政権交代に伴い、二〇一三年に閉じられた。幸福度を測定するという試みは政権方針によらず一般的かつ客観的な指針の測定として行われるべきものであり、このときの重要な議論のいくつもが宙に浮いたままになってしまったことは残念である。しかし今でもこの指標案と議論の資料は参照されており、自治体などにこのときの議論の結果が受け継がれている。

政策活用

幸福度の指標化については、どのように活用すべきかが不明瞭であるという批判も受けている。運用そのものについては心理学の仕事の範疇を超えたところにあり、良い政策立案に向けての行政や住民を含めての議論の積み重ねの努力が必須である。しかしそのためにも議論材料を提供するに値する有効な指標を検討し、その活用方法についても述べておく必要がある。

第一に、指標を活用する際には、平均値だけを追いかけ、「幸福度指数の上昇」あるいは「ライバルを追い抜き、順位を上げる」といったことだけが目指されるべきではないだろう。先ほど述べた内閣府の委員会での指標の作成と試行データに関しては、県別データの公開を望む声が自治体からあげられた。しかしそれらにより、県別ランキングが作成され、日本のなかで互いが競争関係に陥ることは、望ましいことではない。指標はむしろ、その時代、状況下において何が強みになっており何が弱みになっているか、どういう人が幸せを感じやすく、どういう人が逆に不幸せを感じているか、幸せの地域差あるいは家庭格差は広がっていないか、幸せは主にどのようなことと結びついているのか（たとえば経済状況より家族との時間が幸せをもたらしているのか？）など、具体的な「意味」に踏み込むところまで分析を行い、その結果として良い政策立案に向けての判断や努力を行っていくために活用するときに効果を発揮する。単純に幸福度の平均値やランキングを並べてしまうのではなく、相関分析など統計的な分析により、その有効性は広がるのだ。

第二に、全体としての調査結果の提示だけではなく、個別の差異などについても検討できるような設計が必要である。そのためには調査対象者は高齢者から若者、あるいは子どもまでを含めて、人生のステージごとで求めるものの違いを分析できるようにしておくことが重要になるであろうし、不幸せを感じている人たちについてはその原因と対処方策の検討ができるようにしておく必要もあるだろう。家庭環境や地域環境を含め、それぞれの環境下での幸福を支える要件を検証できるものとせねばならない。

第三に、一回限りの調査とするのではなく、パネルデータとして時系列の変化を調べられるような調査を実施することがより実りあるデータ活用を導く。社会的な状況の変化が幸福感に与える影響を調べたり、数年前に施した事業の意義や効果についての分析も可能になる。

日本においてはとくに自治体や企業などにおいて、住民の幸福を問う試みが行われるようになりつつある。こうした動きもあるなかで、丁寧な調査と分析を行ってこそ、何を人々が求めているのか、その声を（必ずしも声の大きい人たちからだけではなく）幅広い範囲と層の人たちから正しく集め、それを活かした議論の土壌をつくることができる。さらに、そのように指標を用いることで、今度は議論の中身をどう実現できるかという議論へと深めることができる。それこそが、指標の本来的な活用であろう。

ブータンの国民総幸福（GNH）調査

ＧＮＨ調査では王立ブータン研究所、いわゆる政府のシンクタンクにあたるところが経済・社会・環境などの要因について主観的な測定を行っている。大規模かつ分厚い調査で、文字が読めない人もいるということで、調査員が山を歩いて、調査対象者を訪問し、調査票を口頭で説明しながら一日かけて回答してもらっているという。調査の結果を数値化して、たとえば人々が本当に森林環境に満足しているか、労働環境は十分よいものであるか、政治への満足度はどうか、経済状態はよいか、などを評価している。そのなかには四つの柱である「自然環境の保全」「公平で持続可能な社会経済開発」「良い政治」「伝統文化の保護と振興」という観点が含まれている。そこからＧＮＨ指標には「時間の消費の仕方」「身体的健康」「心理的健康と幸福」「地域活動」「伝統文化」「良い政治」「生活水準」「環境」「教育」の九つの領域が設定されている。そのうち六つ以上が満たされている状態を「幸福」として定義している。これらはブータンの特徴や志向性が反映されている。

ＧＮＨ政策は裕福でない経済状態を受け入れて現状を幸福と思いなさい、という政府のメッセージなのではないかという批判も存在している。しかしブータンで実際に行われているのは「これを幸福と思え」という介入ではなく、「一人ひとりの幸福のために国が何をするべきか」ということに基づく具体的な意思決定と、それを可能にする調査実施であると考えられる。

第四章　幸福の個人差と社会的要因

個人内要因――どのような人が幸福か

どのような人がより幸福を感じやすいのかという研究についてはさまざまな側面からの検討が行われてきた。たとえば遺伝的要因、パーソナリティ、モティベーションの持ち方、コントロール可能性の認知、感情制御などの個人差によって、幸福を感じる程度や、実際に幸福な状態を少なくとも主観的に実現する程度が異なっている。

なかでも、幸福を感じやすい人、感じにくい人というパーソナリティ特性の違いには関心がもたれることが多いであろう。研究の結果からは、外向的であり、神経質的でなく楽観的な人のほうがよく幸福を感じていることが繰り返し示されている。前野（二〇一三）は、幸福に寄与する特性を因子分析して、四つの因子「やってみよう因子」「ありがとう因子」「なんとかなる因子」「あなたらしく因子」をあげているが、これらはパーソナリティ特性でいえば「開放性」「楽観性」とも関わるものであろう。「ありがとう因子」でいえば、他者に感謝する習慣をもつ人のほうが幸福度が高いことも知られている。

パーソナリティ特性の要因に加えて、社会的地位や経済状態、婚姻状態なども幸福を説明する要素である。

また、人生にはさまざまなイベントが発生する。当然のことながら肯定的・否定的出来事も幸福感に影響を及ぼすが、一方で状況要因は幸福感に一時的には影響を及ぼすものの、長期的にみればその影響力は相対的に小さいとされている。要はどのような出来事が起こるかということよりも、良いことにどれだけ目が向けられるか、悪いことを経験したとしてもどれだけ楽観的かつ適切にその出来事を処理することができるか、といった感情制御の傾向が幸福感には影響を及ぼしやすいのだともいえる。パーソナリティというと生まれてからの素質のように考える人も多いかもしれないが、ある程度の認知的な方向づけや感情を制御する方法により、出来事の受けとめ方を変化させることで、幸福をより感じやすくすることができるといえる。

健康と幸せ

健康と幸せはお互いに関連しあうとされている（健康であれば幸せ、幸せであれば健康）。健康と生活全体の幸福感は .10 から .50 程度の相関をもつとされている。幸福感は主観的な健康（自分を健康だと判断する程度）だけではなく、客観的な健康度（疾患や睡眠、病歴、長生きの程度などで測定される）とも相関している。

なぜ幸福と健康が関連するのか。一つにはパーソナリティの要因が関わっている可能性が指摘されている。たとえば神経症傾向が幸福感と健康度を同時に減少させ、楽観的傾向が幸福感と健康度を同時に増加させるため、幸福と健康の相関が強くなるという説明である。

しかしパーソナリティ要因を統計的に統制してもなお、健康と幸福の直接的な関係は残る。その理由には、健康であることが日々の生活の幸せの源となることが多いのと同時に、幸福を感じることによって、運動や適切な食生活を実施するなどの健康を増進する行動をとりやすくなること、幸福であることにより生理学的に炎症反応が抑えられて健康になるということが挙げられる。二〇一二年から二〇一五年までのドイツの社会経済パネル調査（GSOEP）データでの二〇〇〇名以上を対象とした経時的分析においても（Hudson et al., 2019）、健康と幸福の相関関係は確認され、健康が一年後の幸福をもたらすというのではなく、むしろ健康であるときには同時に幸福が感じられているというように、これらが即時的な関係を持つことが示されている。

社会的地位と幸せ

仕事も幸福感に影響を与えている。正社員はパートタイマーや無職者に比べると幸福感や適応感が高い（Uchida & Norasakkunkit, 2015）。無職になると幸福感が低下することが知られているが、後述する結婚の効果に見られるような「元に戻る効果」は起こらず、幸福感の低下が続いてしまうことが知られている（Clark et al., 2008）。それは社会的な「規範」にも影響されており、「働くべき人なのに働いていない」と周囲にみなされる場合には、無職になることがよりネガティブな影響をもってしまう（Stam et al., 2016）。

また、幸福感とよく相関するといわれているのは「社会経済的地位」（socio economic status）で、生まれ育った環境における養育者の経済状態や教育レベルなどによってその後の幸福感が変わってくることが繰り返し示されている。たとえばパットナムの著書『われらの子ども』（Putnam, 2015／柴内訳、二〇一七）においては、アメリカにおける親やその人たちが暮らす地域の社会経済的状態が、子どもたちが人生で成功を得るための機会を得られるかどうかに大きな影響を与えてしまい、その格差の再生産が拡大していることが論じられている。社会経済的地位が高い家庭あるいは地域の子どもには、さまざまな形で自分の人生の助けになるような多様な他者とのつながり（社会関係資本）を持つ機会があり、また、多様な経験を積む機会もより多く存在する。実際、社会経済的地位が相対的に高い人では、物品の購入ではなく、旅行や教育などの経験を得ることに対してお金を使うことで幸福感が増すが、低い人ではそのような関係はみられず、物品の購入がむしろ幸福を高めていた（Lee et al., 2018）。こうした格差は日本でも問題視されており、機会の不平等をいかにして是正していくかが大きな課題になっている。

ソーシャル・サポート

ソーシャル・サポート、すなわち周囲からの情緒的サポートを受けていることも幸福の大切な要素である。情緒的サポートとは、周囲からの愛情を受け取ったり、困っているときにさまざまな側面から支えてもらったりすることである。サポートをもらうことで対人関係を確認し、自分が他者から大切に思われていることを感じとることができるため、サポートの受け取りは幸福を導く。ソーシャル・サポートを与えてくれるような他者が存在することは、ストレスを低減させる効果もある。

しかしまさにこれも「受けとめ方」に依存する。他者からサポートをもらうことによって、かえって自分の無力さを実感してしまい、自尊心が傷ついてしまうような場合もあるだろう。そのような場合にはせっかくのサポートも、ポジティブには機能しないことになる。

自尊心を重要視する北米では、サポートが自尊心に脅威を与える可能性が強くなると、直接的には幸福感を高めないことがあるとされている。ゆえに、あからさまなサポートよりは、「見えないサポート」のほうが効果をもつことが知られている（Bolger & Amarel, 2007）。

日本においては、自尊心よりも他者とのつながりが重視されており、サポートは対人関係の結びつきを認識させてくれるものとして、幸福との関係性がより強固であることが示されている（Uchida et al., 2008）。

また、サポートを一方的に受け取るばかりではなく、自分から援助をすることも社会的な承認や他者と

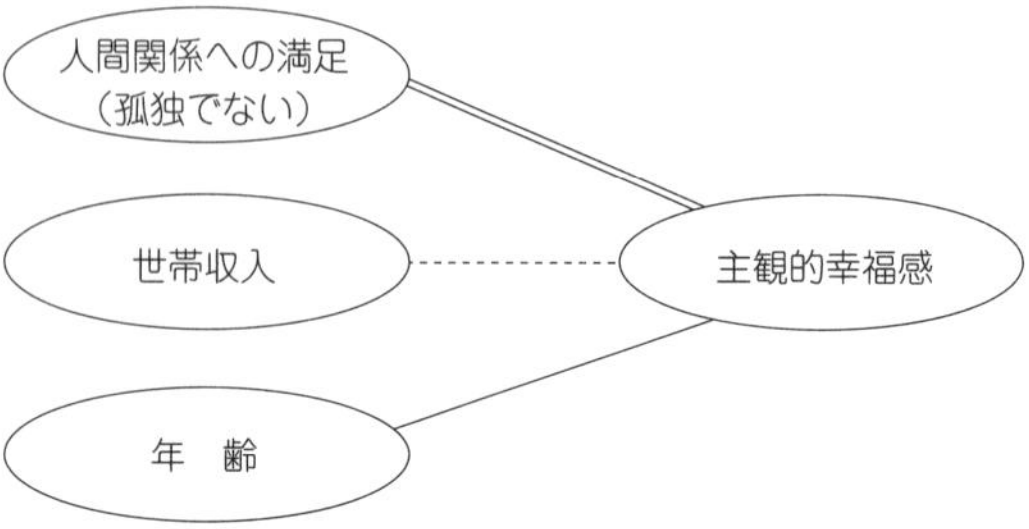

図 4-1　孤独感と幸福感の関係（Cacioppo et al., 2008）

の関係確認につながり、幸福感を上昇させる。たとえば寄付行動により他者と心理的につながることは幸福感をもたらす。

孤独感

逆に周囲からのソーシャル・サポートが得られない状態は幸福感を低下させる。その要因の一つは「孤独感」であろう。孤独感とは自分が望み、必要とするような社会関係がもてない状態として定義されるものである。

なぜ外向性が高く、人とうまくつきあえる性格をもっている人が幸福感が高いのかといえば、実はこうした人たちが孤独になりにくいからであるという（Cacioppo et al, 2008）。

カシオッポらによる長期的な研究結果（図4－1）によれば、孤独感は数年後の幸福感を低減させ、幸福感が高い人は数年後に孤独になりにくいというように、幸福と孤独感には双方向的な関係があるという。実はこの双方向性は孤独感と個人の経済的な豊かさではみられない。孤独な人ほど将来の経済力が低下するが、経済的に苦しいからといって孤独になったり、逆に経済的に恵まれている人が孤独にならないというわけではない。

社会的動物としての人間は、群れのなかで生活をし、協力していくことで過酷な環境のなかでも生き残ることを可能にしてきた。そのため、群れから離れ孤独になることは最も命の危険に近づくことであり、危機感を生じさせることになるという。それゆえ、孤独を感じている人は来たるべき危機に備えた免疫機能である身体的炎症反応が起こり、そのことがさまざまな循環器系疾患などの健康上のリスクをもたらすとされている（Cole et al., 2015）。

家族と幸せ

家族は幸福の第一の要素に挙げられることが多く、婚姻状態にある人は離婚、死別、独身状態にある人よりも幸福感が高いことが繰り返し示されている（Wilson & Oswald, 2005）。結婚がもたらす幸福感は、パートナーから経済的・物理的あるいは精神的サポートを得られることや、家庭という居場所を与えられること、リスクをとらないようになることによる影響として論じられている。「幸せな人がより結婚しやすい」という効果を取り除くための時系列でのパネルデータの分析などによってもこうした効果が確認されている。さらにはヨーロッパ各国のデータを見てみると配偶者がいる人は離婚や死別の経験者に比べてうつになりにくいという効果があるが、一方で一度も結婚していない人たちの幸福感が低いわけではない（Hank & Wagner, 2013）。また、子どもがいる高齢者と子どものいない高齢者の幸福感には差がなく（Hank

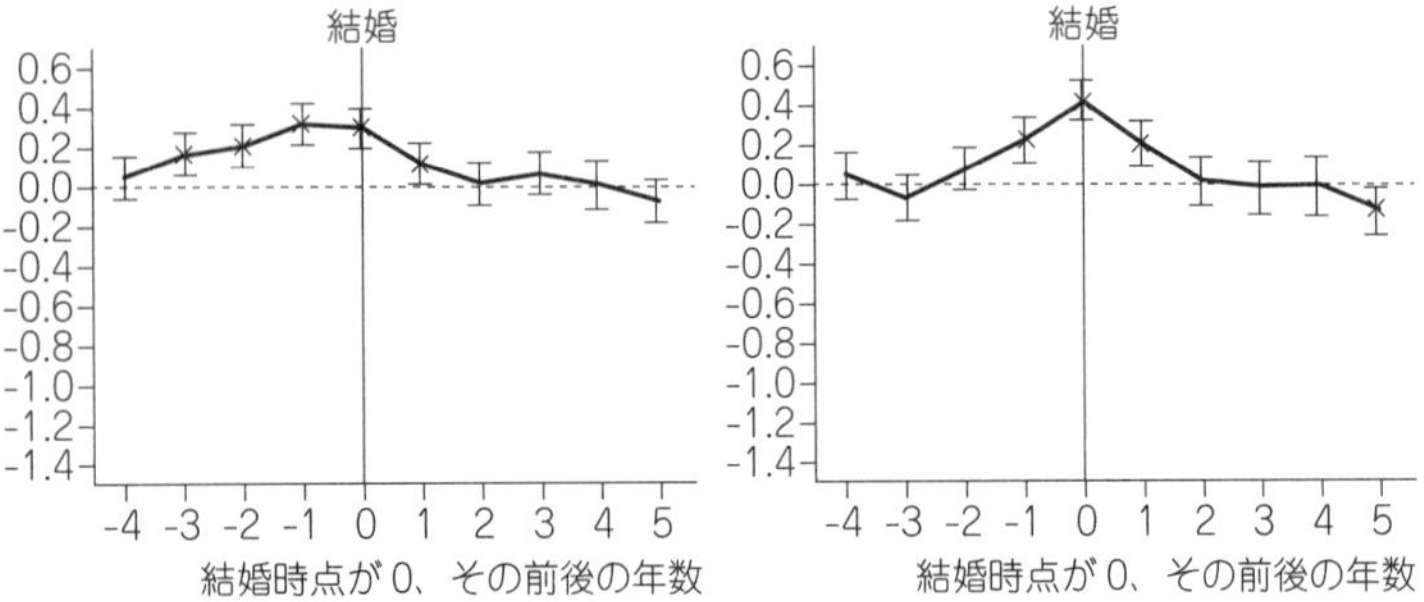

図 4-2　結婚前後の時期の幸福度の変化。左が男性で、右が女性
（Clark et al., 2008 より引用し、筆者が和訳）

& Wagner, 2013）、子どもが生まれた前後ではあまり幸福度は変化しないことも示されている（Clark et al., 2008）。

ただし、結婚によるメリットは性別の要因によって影響を受けるし、結婚に対する文化・社会的価値観にも依存する。たとえば二〇〇〇年代前半に日本で取集されたデータを分析した結果によると（Lee & Ono, 2008）、妻の幸福度は夫が働いているほうが高く、自分自身が働いていると低くなっていた。さらには夫の所得の高さは夫婦の幸福感を高めるが、妻の所得はどちらにも影響しなかった。こうした調査の結果からは、夫婦の仕事や経済的地位に関する役割意識が影響していることが見てとれる。つまり少なくとも二〇一〇年前後の日本においては、男女共同参画が叫ばれながらも、夫の所得の額が夫婦の幸せ、という形で受け入れられていた社会状態が影響していたと考えられる。これは女性の働き方や家庭の中での夫婦の役割が変われば、変化していくであろう。

結婚がもたらす幸福感は時期によるという報告もある。ドイツのパネルデータＧＳＯＥＰでの分析によると（Clark et al., 2008）、結婚時をピークとする幸福度の山型カーブが見られ、結婚前から幸福度は上昇するが、結婚後には一年後からすでに低下をはじめるとされている。しかしこうした「出来事がもたらす効果の持続性が低い」という現象は、結婚に限ったことではなく、さまざまなライフイベントで同様の傾向があるという。たとえば配偶者との死別時には幸福感が低下するが、その後回復することなども示されている。つまり、さまざまな形で環境への順応が起こり、幸福感はある程度元の状態に戻っていくと考えられている。

友人関係

家族以外の他者との関係も幸福感に深く関わっている。筆者ら（内田ら、二〇一二）は、対人関係の質と量の問題について日本で調査を行った。すると、身近な関係においてはつきあいの質への評価が幸福感と関連しており、つきあいの数はあまり関係しないことが示された。しかしよりさまざまな人とつきあおうとする「開放型」の関係性を持とうとする人においては、つきあう人の数が多いことが幸福感と関連し、逆に既存の安定した人間関係を重視する「維持型」の人においては、つきあいの心地良さなどの「質」がより幸福感と関係していた。

人間関係の「数」ということでいえば、SNSによってより多くの人と幅広い「つきあい」を行うことができるようになった。ネット上のコミュニケーションにおいてはポジティブ・ネガティブ両面があることが知られているが、アメリカでの大規模調査データを用いて二〇一三年から二〇一五年までに実施された調査によると（Shakya & Christakis, 2017）、他者と実際に会っての交流が幸福感や健康を増進させるのとは対照的に、他者の投稿へのコメントやリアクションをするなど、SNSを使って活動をしているほど、幸福感や主観的健康感が低かった。データはさらに、この関係が「幸福感が低い人がSNSを使う」という効果を統計的に統制したあとにも見られ、SNSを使うこと自体が幸福感を低減させている効果を見出している。それは他者の「幸せそうな」書き込みを見て比較をしてしまうなどの要因や、多くの情報処理を行わねばならないこと、自分の投稿への他者の評価を過度に気にしてしまうことによる疲労感から生じるともされている。しかしSNSによりつきあいの数が増えることが自分とは異なる場所や属性を持つ多様な他者とのつきあい（橋渡し型社会関係資本：bridging social capital）を増加させ、そのことが幸福感をもたらすという知見もある（Munzel et al., 2018）。こうした研究は多くのデータ（ビッグデータ）の分析により、さまざまな知見がもたらされつつある段階である。多様な人と「つながる」ということに関してはポジティブな効果があるものの、自分や他者の発信をめぐってSNS上の「他者からの評価」に自分の価値が振り回されるということになれば、ネガティブな効果をもってしまうということがいえる。

社会的要因

ここまで幸福感についての個人差をみてきたが、もちろん幸福感には社会の状態からのマクロな影響もある。本書の冒頭では国家経済的な要因（GDP）と幸福感との関係を述べた。経済的な状況は一定水準までは幸福感と相関するが、一定の経済状況に達すると、幸福度の上昇は頭打ちになるというものである

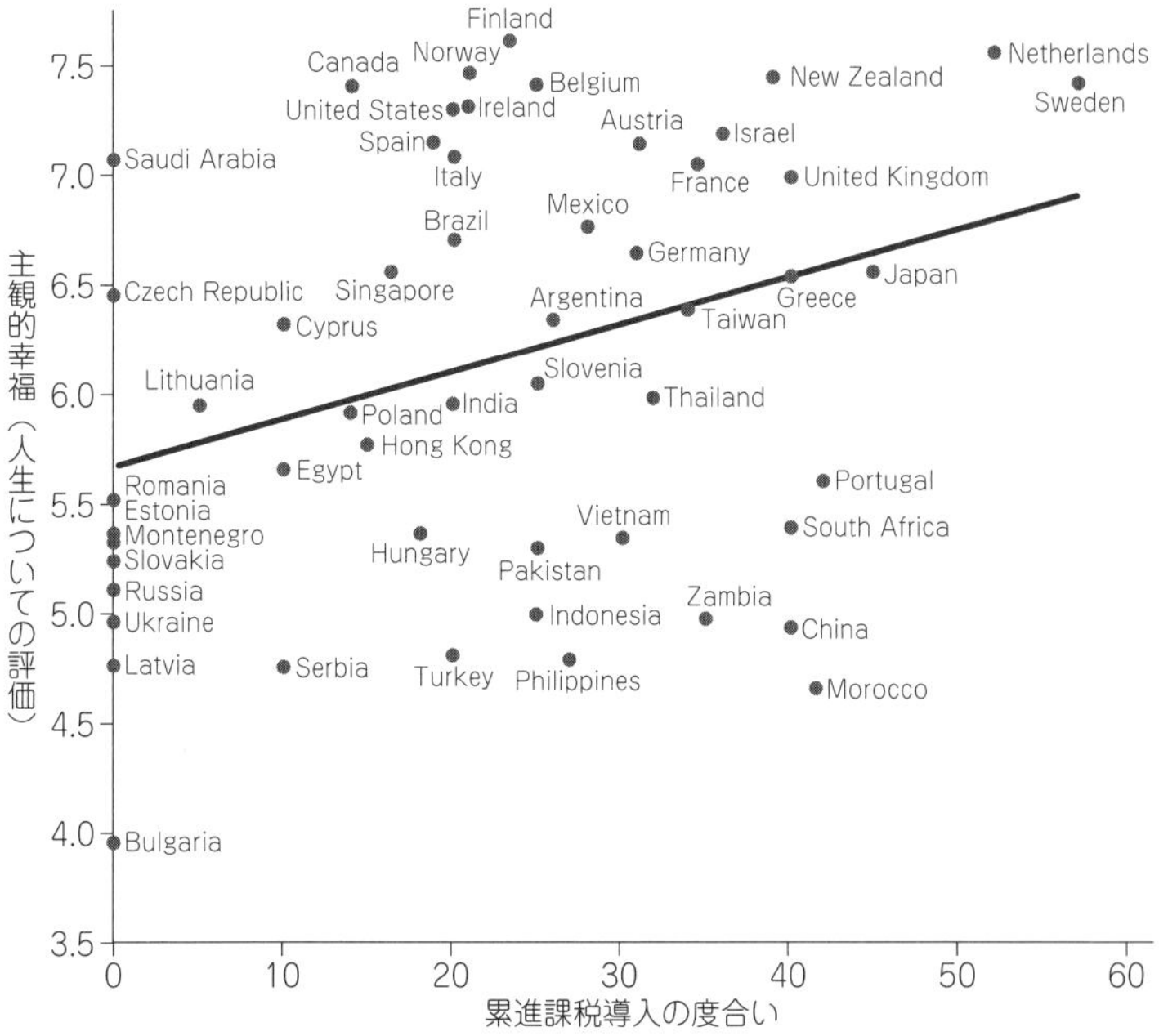

図 4-3　税金と幸福の関係（Oishi et al., 2012）

（イースターリンの幸福感のパラドックス）。

なぜお金と幸福感にはこのような関係がみられるのか。一つの理由は格差ではないかといわれている。大石ら（Oishi et al., 2012）は、ギャラップ社の五四カ国のデータを用いて、累進課税の採用と国の幸福度の関連を検討し、累進課税のシステムがある国のほうが幸福度が高いことを見いだしている（図4—3）。

累進課税が幸福度に与える影響の一部は、教育や公共交通機関など、公共物への満足度が高くなることによることも見いだされている。大石らは論文のなかで、累進課税はロールズのいう公平な分配であり（Rawls, 1971／川本他訳、二〇一〇）、

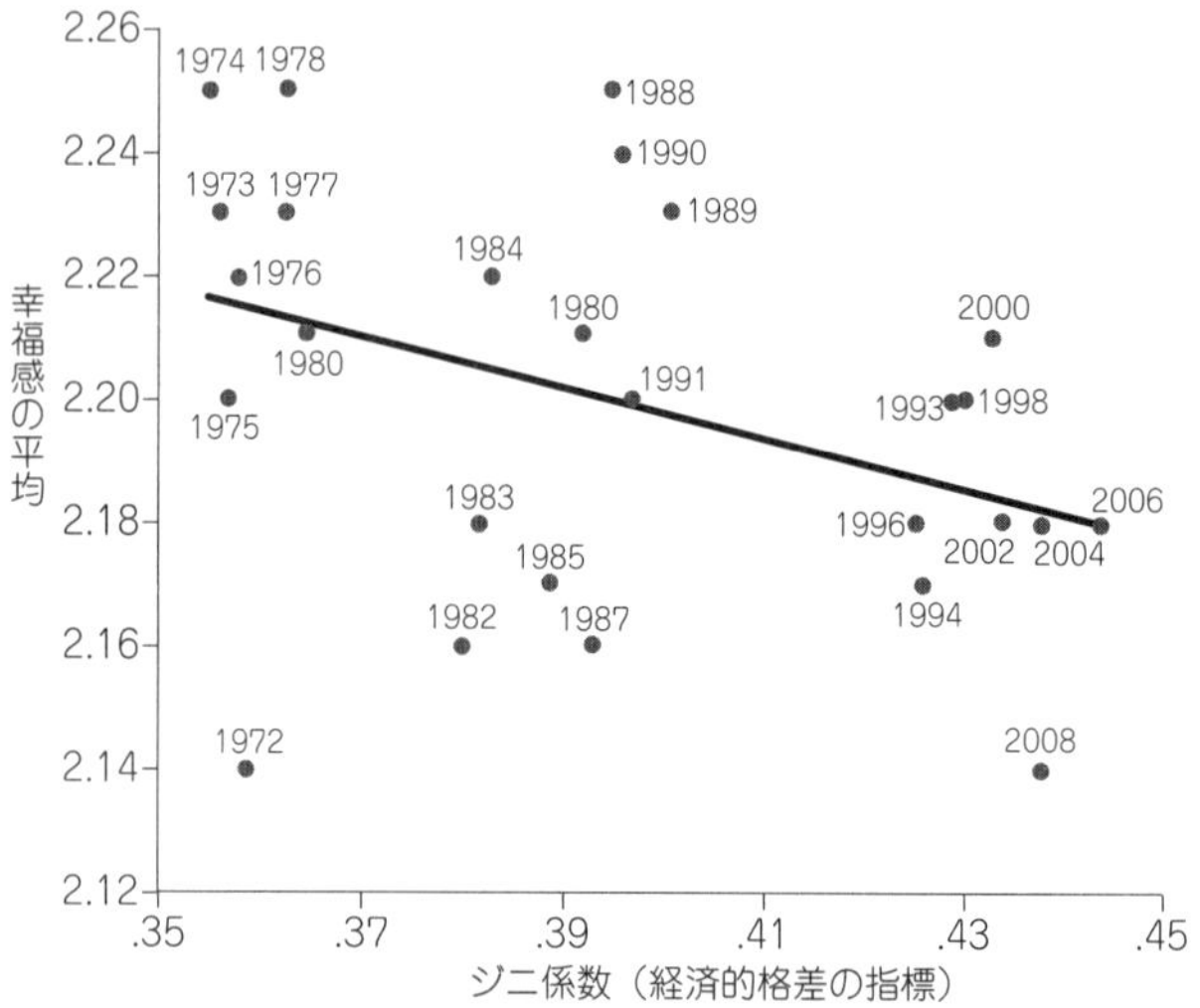

図 4-4　1972 年から 2008 年までのアメリカにおける年度ごとの幸福感と収入格差（ジニ係数）の関係（Oishi et al., 2011）

将来に対する機会が均等であることにつながる社会システムとして論じている。実際、累進課税の程度が少ない国では、収入による格差がそのまま幸福の格差になる傾向があり、累進課税の程度が高くなると、個人の収入と幸福の関係は弱くなるという。

また、同じく大石らのグループは、収入格差と幸福の関係も検討している（Oishi et al., 2011）。一九七二年から二〇〇八年までのアメリカの社会調査データを分析し、国レベルでの収入格差が少ない年で、全体的な国の幸福度（だいたいにおいて、最近あなたはどれぐらい幸せだと思うか、という質問）の平均が高くなることを見いだした（図4―4）。また、この関係は、収入格差が大きいときには公平感や一般的信頼感が低くなってしまうことに原因があると考えられる。個人差をみると、収入格差の大きさによって幸福度が下がる傾向は、より収入が低い人たちでみられるが、これは不公平感によるものである。ただし、こうした格差と幸福感の関係は、その国がリベラルであるか保守的であるかによっても異なることが示されている。保守的な国（社会階層を受け入れ、より集団主義的であり、自由より伝統を重んじる社会）においては、国の経済格差があるほど（ジニ係数が高いほど）平均的幸福感が上昇する傾向があり、逆に保守的な国であるにもかかわらず経済格差が小さい（つまり社会階層と経済状況が見合わない）と幸福感が低くなっていた。こうした関係性はリベラルな国では見られない。

良い政治

格差の問題をどのように是正するかというのは政治的な意思決定である。ブータンの幸福度指標である「GNH指標」の四つの柱には、「良い政治」というものが含まれている（本書第三章を参照）。良い政治（good governance）は人々に幸福をもたらすのだろうか。

二〇〇六年の一二七の国家で行われた世界銀行のデータの二次分析調査をみてみると、政治的統制がとれているかという「政治の技術的な質」（国境の統制、他国とのやりとりの正常さ、権力の独占が生じていないかなどによって測定される）はいずれの国でも幸福度と相関するが、「民主主義の質」（選挙制度参加の自由度、多元的な政党の存在などによって測定される）と国の幸福度の相関は、経済的に豊かな国でしかみられなかった（Helliwell & Huang, 2008; Ott, 2010）。また、政治の技術的な質が上昇すればするほど幸福度格差が小さ

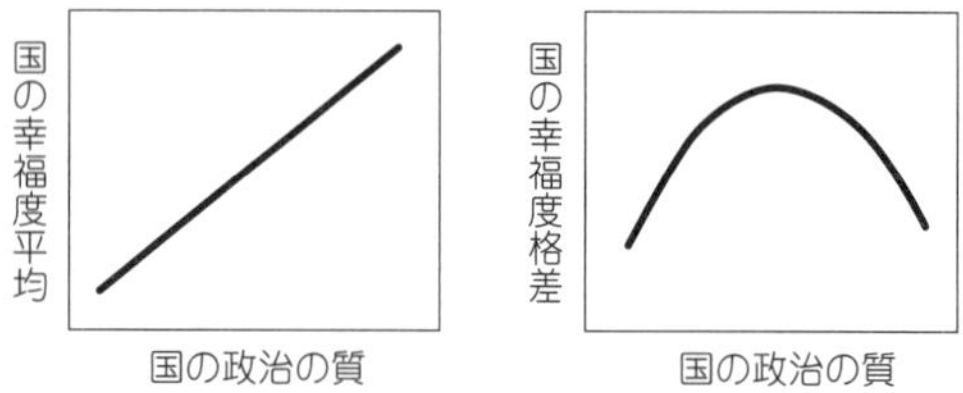

図 4-5　国の政治の質と国の幸福度の平均は線形の関係だが、国の政治の質と国の幸福度の格差は非線形

くなるという関係は、一定程度の技術的な質を有する国群でのみみられた（Ott, 2011）。つまり、良い政治があることは国全体の幸福度を高め、国の幸福度格差を小さくする方向に向かわせるが、良い政治がない状態から立ち上がっていくときには、いったんは国の幸福度格差が生じてしまう痛みが伴うことを示唆している（図4–5）。実際、経済指標でみても、発展途上の段階では格差が生じやすく、一定程度の発展が成し遂げられた後には格差が小さくなるとされており（Kuznets, 1955）、政治の質についての議論もこれに類似している。

個人主義と選択の自由

個人の自由な選択は、近代社会における個人の幸福を語るうえで、非常に重要なトピックスの一つとなっている。イングレハートはさまざまな国の幸福感の分布と、時系列での変化を分析し、個人の選択の自由度（職業選択の自由など）が上昇することが、国の幸福度を高める要素となっていることを論じている（Inglehart et al., 2008）。

広井（二〇一七）は幸福概念を大きく分けるとするならば「リベラリズム

的」なものと「コミュニタリアリズム的」なものの二つが存在すると論じている。リベラリズム的な幸福観は「個人が自由であること」を幸福の起点とし、効用を最大化することが重視され、権利としての幸福を個人が有しているという考え（幸福追求権）をもっと位置づけている。これに対してコミュニタリアリズム的な幸福観は、共同体を幸福の起点とし、利他性や協調性を重要視し、伝統的な価値と結びつけたような「善」なるあり方としての幸福を求めるという。広井の議論に基づけば、選択の自由度が幸福度を高めるというイングレハートの分析は近代的リベラリズムの幸福観を表しており、その分析結果はさまざまな国で検出されていることから、広く現代の価値として浸透していることがうかがえる。

そもそも、個人の選択の自由は近代社会のなかで成立してきた自己意識ならびにそれに対する社会的保障の枠組みであるとされている。ヨーロッパでは一八世紀には個人の自由に関する権利が確立しているが（国家権力からの自由）、日本において明文化されたのは戦後である。戦後すぐの日本はまだ家族意識が強く、結婚や職業選択について、自分で意思決定をするのが正しいという意識は弱かった。一九五六年に『ここに幸あり』という松竹映画が公開されているが、この映画の内容は女性が自由な恋愛と個人の意思で結婚をすること、そこから「幸」を得ることができるのだという現代的意識の幕開け的なものになっている。一九六〇年代以降こうした考え方が確立され、土地からも自由になり地方から東京に出て行く人が多くなった。結婚においては自由恋愛が尊重され、一九七〇年に見合い結婚の割合を恋愛結婚が上回る（図4―6）。二〇一五年には見合い結婚は初婚結婚の五・五パーセントにとどまっている。かつては結婚の多くを占めた親が決めた「許嫁《いいなづけ》」の存在なども、今では過去の話になりつつある。

現代社会のなかでは幸福を得るためには「仕事・家庭」が重要視されるが、職業内容や家庭生活につい

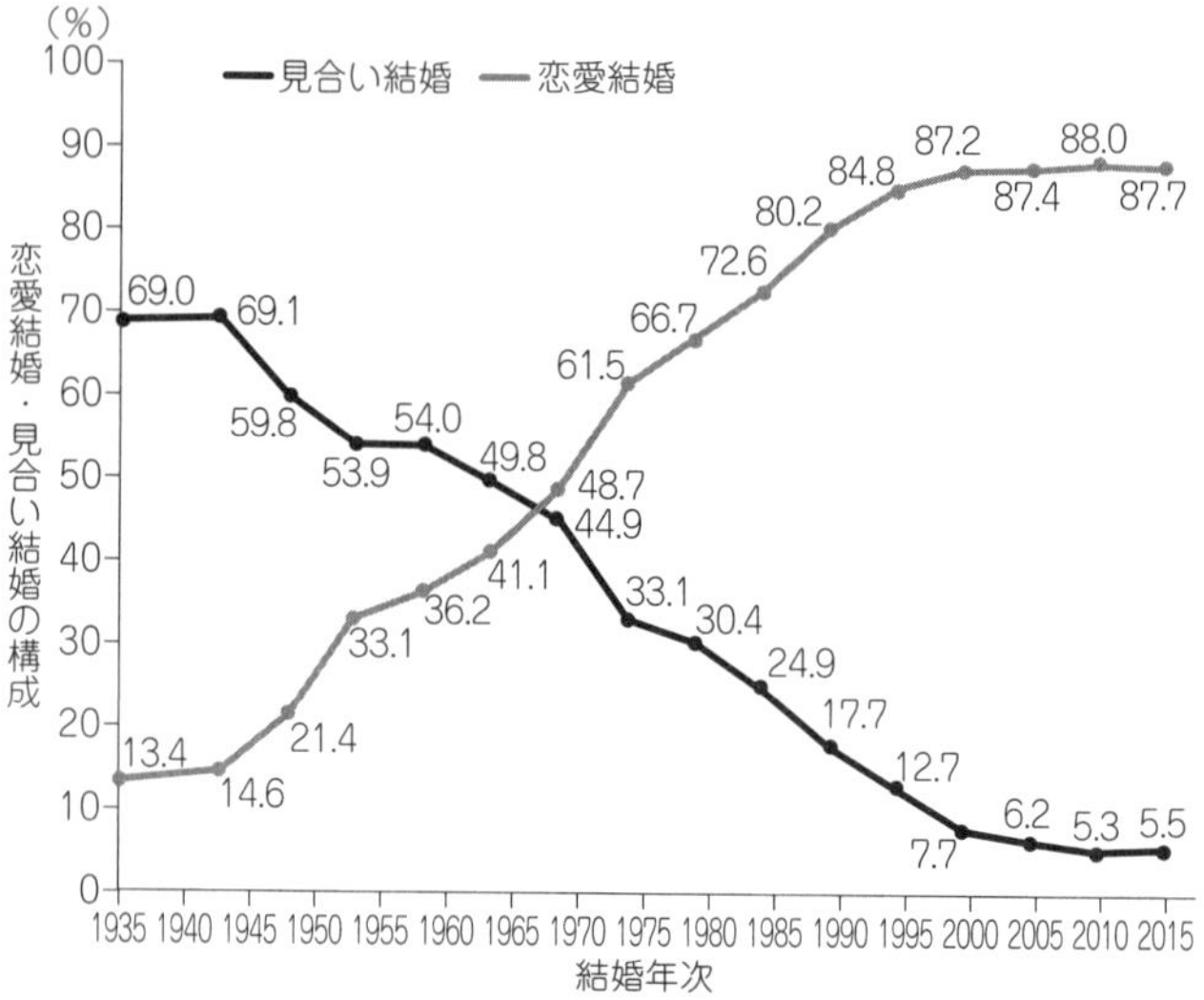

図 4-6　結婚年齢別にみた、恋愛結婚・見合い結婚構成の推移。初婚同士の夫婦が対象となっている（国立社会保障・人口問題研究所、2015）

て個人が幸福を求めるために「自由に選択する」という経験は、実際にはまだたったの五〇年ほどしかなされていないということである。また、幸福を得るためのもう一つの要素に「健康」があることは先述したとおりだが、健康・不健康も「運」の比重よりも、現代の意識では個人の行動選択の結果とみなされる部分が増えている（たとえば健康のために生活習慣の改善が求められる）。

個人が「家」や「会社」から自由になり、人生にとって大切な選択が個人のものとして保障される社会は、個人の権利意識を守り、未来に希望をもって人々が幸せを得るための選択をすることを推奨する近代社会のあり方として、いまやその是非を疑う余地はないとされている。一方で、選択の自由は競争も生み出す。手に入れたい職業や結婚したい相手が、自分を選択してくれるとは限らないからである。万人に自由選択権があるということは、自分は「選択をされる側」にもなるという厳しさも持ち合わせている。その結果として、格差の問題が生じており、選択の自由が幸福を押し上げる力は万能ではない。

また、個人が選択を行うべきであるという価値観については、日本ではアメリカに比べるとそれほど強く浸透していない。日本の調査結果からは、つきあう相手を自分が自由かつ主体的に選択することよりも、「場」を共有していることによりやや受動的に対人関係を構築していることがわかる。日本人に良い友人の特徴を尋ねると、「趣味が同じ」「話題が共通している」というように、何らかの共通の基盤についての回答が多くあげられる。友人をさまざまな選択肢から「選んだ」という感覚をもっている人は少なく、同じクラス・クラブだったりすることで場を共有し、結びつきを確認している。選択ベースではないぶん、相手を気遣い、互いの考えを察し、共有することで、友人関係を「維持していく」ことがより重視されている。

このことは、日本社会がアメリカと比べると人口の移動や転職・離婚などの「流動性」が低く、場のなかでのネットワークを大切にすることと関連している。山岸（一九九八）が日本は「安心」をベースとする社会であり、アメリカのように良い相手を見極める「信頼」をベースにする社会とは異なっていることを指摘している。安全・安心の場のなかでは、自分をアピールし、「選んでもらう」ことは必要ではない。むしろ場のなかで相手とうまく折り合いをつけ、はじき出されないことが重要になる。

第五章　文化と幸福

一律ではない幸福の意味

幸せの形は一人ひとり違っている。人類は古今東西を問わず同じように幸せを求めているわけではない。しかし一方で共通点も多くある。不幸せな時間よりも、幸せな時間を過ごすこと。意義深く温かい人生を送ること。安全かつ快適に暮らすこと。こうしたことが人の幸せの前提条件として「共通である」ことはあまり疑われることなく、近代社会は幸福をいかに保証するのかに基づいた社会のしくみをつくってきた。

幸せの共通性は安全や健康など、先に紹介したマズローの「基本的欲求が満たされていること」として定義されることが多い。さらに幸せの求め方には個人差も存在する。ある人は競争に勝ち、誰かよりも称賛を得ることが幸福だろうし、ある人にとっては、お金をたくさん稼ぐことが幸せなのかもしれない。またある人にとっては平穏無事な毎日を送ることが幸せであろう。価値観は同じ人の人生のなかでも、さま

表 5-1　日米での幸福感の違い

	日　本	北　米
幸福感情	低覚醒感情「おだやかさ」 関与的感情「親しみ」	高覚醒感情「うきうき」 脱関与的感情「誇り」
幸福のとらえ方	陰陽思考・ネガティブさの包摂	増大モデル・ポジティブ
幸福の予測因	関係志向 協調的幸福、人並み感 関係性調和 ソーシャル・サポート	個人達成志向 自己価値・自尊心

ざまな状況によって移り変わる。幸福とは社会・文化的な状況と、個人の性格特性や志向性などの価値観を反映するものである。この点について、筆者は「文化」の要因に着目して研究を行ってきた。

アメリカにおいては、「幸福な人物とは、若く健康で、良い教育を受けており、収入が高く、外向的・楽観的で、自尊心が高く、勤労意欲があり……」と良いことがたくさんあることが幸福であるとされている。これは社会心理学の教科書に幸福の定義として掲載されているものである（Myers & Diener, 1995）。具体的には、「健康であること」や「自尊心が高いこと」がそれぞれ幸福感を高めていることを検証した研究結果を通じてこの定義が支持されてきた。

しかし、これを日本の授業や講演会で話すと、「ええ？　なんだか出来すぎな人じゃないと幸福ではないってこと!?　そんなことないでしょう」というような反応が返ってくることが多い。

日本文化の価値観では、「良い」ことは必ずしも良い意味だけをもつのではなく、否定的な側面をコインの裏表のように併せもっているという人生観が存在している（表5－1）。つまり、「幸福」イコール「自己の望ましい部分の最大化」とは定義されていない。したがって、「若くて健康で高収入で社交的で……」というように良い側面だけを並べられると、「そんな人には実は裏があるのでは」「後で痛い目をみるのではないか」というような感覚が生まれるのだ。

日本の幸福度はなぜ低い？

一章でも述べたように、日本は、しばしば「経済水準の割に不幸せな国」として取り上げられることがある。「あなたは今どれぐらい幸福ですか」という問い（0から10点で回答）の平均点は、内閣府による大規模なサンプリング調査など、偏りのないサンプリングデータをみると、一貫して6・5点程度であり（図5－1）、他の先進国の平均よりも低い。

実際、日本は幸福度の高い北米や北欧に比較して、働き過ぎであったり家族との関わりが少なかったり、自信をもって毎日を暮らしている人が少なかったりと、「不幸せ」を誘発している要因が一定数あるだろう。

しかし、日本の幸福感の低さを評価するうえではもう一つ注意すべき点がある。それはこれまでにも述べてきたように、従来の幸福感研究のモデルが主に北米やヨーロッパから提案されてきたものであり、世界と比較する指標もこうしたところで作成されたものに準拠しているということである。

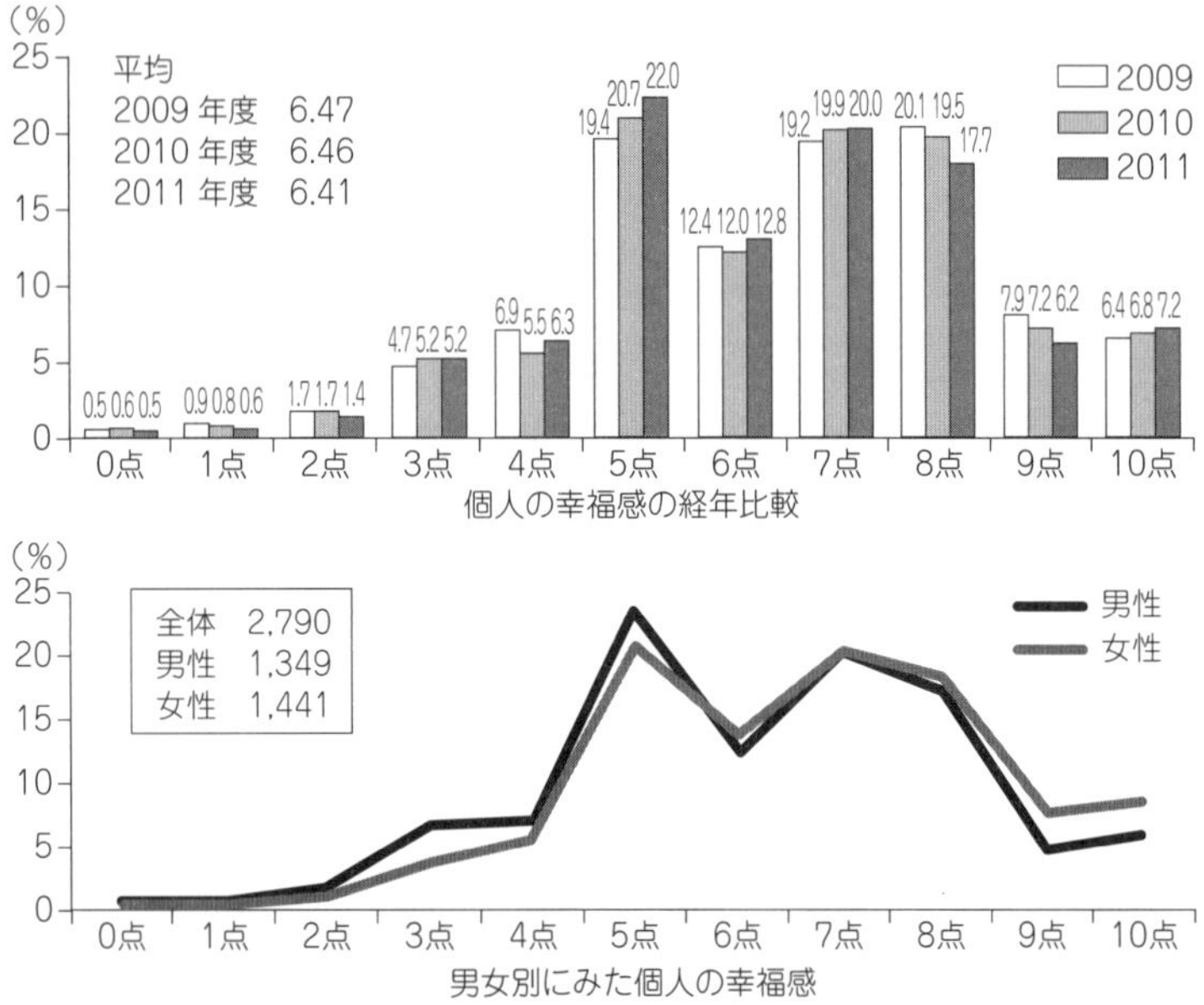

図 5-1　内閣府公表資料。平成24年度に全国に居住する15歳～80歳の男女4,000 人（当該質問への有効回答数 2,790 人）を対象に行われた調査結果

幸せの意味を問う

筆者ら（Uchida et al., 2004; Uchida & Ogihara, 2012; 内田・荻原、二〇一二）は、それまで日米で主に行われてきた幸福感についての研究をレビューし、幸福感の①原因、②動機づけ、③意味、の三つが異なっていることを明らかにした。

北米では自己の能力の発現である「個人的な達成」が幸福の主な要素であり、自分に誇りをもち、達成感を味わうことではじめて幸福が実現するとされているのに対し、日本においては幸福が関係性の結びつきの確認として定義されている。

幸福感の意味の違いは、単一指標を用いて国同士を比較してしまうときには問題になる。指標のなかに含まれる質問項目は、すでにそれがつくられた背景となる価値観が反映されており、切り離すことができない。単一指標ではその指標がつくられた価値観がそのまま測定結果にも反映され、その価値観が文化を超えて共通であるということが、測定の前提条件となっているのである。具体的な例を出してみよう。ある人が、「人の幸せは、どれぐらい毎日ウキウキした気持ちを感じるかで測定しよう」と考えたとする。そしてその指標（「あなたは毎日どれぐらいの程度でウキウキしていますか」と質問する）を用いて、世界中で調査を行い、ランクづけを試みるとする。しかしこれは実は「幸福＝毎日のウキウキである」という定義にすべての国が共通に同意しているという前提に立たなければ成り立たない。さらに極端な例でいえば「人の幸せは車を何台持っているかだと定義して測定しました」といわれると、違和感を覚える人はより多くなり、これは測定項目として成り立ちにくくなる。つまり、尺度の定義について私たちは理解と共感をしたうえで議論を展開する必要がある。

また、測定をする際には「個人の幸せが良いことだ」という前提が設けられている場合が多いことも忘れてはならない。しかし「個人の幸せ」がここまで明確に議論される土壌は、古今東西同じではなかった。

もちろん指標を作成して何らかの比較を行うことは、個別の国あるいは地域の情報を知るうえではとても重要である。一方でそれだけが一人歩きするのは意味がない。平均値だけを追いかけ、「幸福度指数の上昇」あるいは「世界で〇番になる」といったことだけが目指されるべきではない。中身の議論を同時に行うことが重要なのである。

個人達成志向と関係志向

従来の心理学の理論においては、主観的幸福感とは自らの属性・状態・環境に対する肯定的な認知的・感情的判断とされてきた（Diener, 2000）。つまり、自らのなかに「良い」と評価されるような事象が多く存在していることが幸福を感じる条件となる。

上記のような幸福感の定義の背景には、人とは個人のもつ内的属性（自分の能力や性格、学歴や職歴などから得られる経験なども含む）によって定義されるものであり、幸福感を得るためには個人内の属性の価値を最大化し、評価することが必要であるという北米の個人主義的な人間観・幸福観が存在している。

では、果たして幸福についての前提（幸福観）は北米以外の文化にも適用されるのであろうか。「幸福観」とそれに付随して人が感じる「幸福感」は文化にかかわらず一様なのだろうか。たしかに、住居環境や摂食などの身体的・物理的規定因は文化にかかわらず重要であるが、生理的に規定される快感や不快感に関わる事象を除けば、満足感・幸福感の規定因は歴史的に構築されたさまざまな文化的・社会的要因によって大きく異なるであろう。とくに、社会的承認や地位・対人関係など、社会的な文脈で得られる幸福感には多くの文化的変動が存在する（Kitayama & Markus, 2000）。

欧米、とくにプロテスタントの流れを汲む北米中流階級の社会で幸福感が自己の内的望ましさの最大化によって定義されていることの背景には、個々人が「神に選ばれた者」と自覚し、それを証明するために禁欲的に働くことが人生の目標であり「善」であるという価値観が存在する（Weber, 1905）。幸福感を得ていることは自分が神に選ばれた者であることを証明するが、逆に幸福感の欠如は、自分は神に見捨てられた失敗者なのではないかという懸念を引き起こすであろう。よって、個人は常に自分のパフォーマンス・能力・保有物についての「良さ」の最大化を追求し、幸福を感じていることが必要となる。

これに対し東洋文化の儒教的・道教的な人生観・宗教観においては、幸福イコール自己の望ましさの最大化としては定義されていない。この理由として、東洋では「自己の内的望ましさ」が当該の関係性のなかで相対化されていることがあげられる。第一に、何が自分にとって望ましいかは関係性のもつ状況・文脈によって異なる。第二に、たとえ自分にとっては望ましくともそれが関係内の他者にもたらす効果が望ましくない場合にはそれを考慮する傾向がある。つまり、自己の成功は他者の嫉妬を生み、逆に自己の失敗は他者の思いやりを誘い出すかもしれない。自己内の望ましさを最大化することは必ずしも至上の幸福とはならず、むしろ関係内要素の平衡化が重視される（Kitayama & Markus, 2000）。個人は他者や周囲の状況などと結びついた社会関係の一部として定義されるため、そのもののなかにある属性の質ではなく、関係性や規範への適合が問われるからである。実際、個人の特性が重視される欧米では個人の感情経験が主観的幸福感に影響するのに対し、東洋文化では社会的な要因（価値規範への適合）が幸福感に影響する（Suh et al., 1998）。

欧米において個の内的望ましさの最大化によって幸福感が得られるとすれば、自らのなかに望ましい属性を見いだし、「誇り」をもってそれを表現していくことが必要となるであろう。これに対して東洋においては、幸福感とはそれを追求しないところから生じうる状態であり、「欲をコントロールし、足るを知るの精神を求める」ことが必要であるという人生訓が存在する。ゆえに東洋における幸福感は、それを追求しようとする動機をそれほど伴わない（Suh, 2002）。

個人的目標達成と幸福感の関わりについて検討した研究（Oishi & Diener, 2001）においては、実験参加者は、一カ月間の重要な目標を五つあげ、それぞれの目標がどの程度個人的な目標であるかどうかを評定した。そして一カ月後に、その一カ月間の人生の満足度を評定し、さらには一カ月前に記述した目標がどの程度達成されたかを回答した。結果、ヨーロッパ系のアメリカ人では相互独立的な目標（自分の喜び、楽しみを得ること）の達成が幸福感への影響をもつのに対して、アジア系のアメリカ人ではそのような効果がみられず、逆に相互協調的な目標追求（親や両親を喜ばせること）が幸福感に影響を与えることが示された。これは、アジア系アメリカ人は自分で選択した問題よりも他者に問題を与えられたときのほうが課題の遂行が良いのに対し、ヨーロッパ系アメリカ人では自分で選択したときのほうが遂行が良いという動機づけに関する知見（Iyenger & Lepper, 1999）とも一致している。

ディーナーとディーナー（Diener & Diener, 1995）は、個人主義―集団主義の軸を用いて三一カ国での比較研究を行い、「集団」を重視する文化に比べて、欧米などの「個」を重視する文化で、自尊心が主観的幸福感に与える影響（Taylor & Brown, 1988）がより強いことを示している。

これに対し、日本の幸福観を特徴づける傾向としては「関係性の重要性」があげられる。とくに人との結びつきは大切であり、親しい人から情緒的サポートを得られるかどうかが、日本ではとくに幸福と関連することがわかっている（Uchida et al., 2008; Uchida & Kitayama, 2009）。また、日本においては他者と調和した関係にあるときに得られる快感情（親しみなど）が幸福感とより結びついている。地域ネットワークのなかにある関係性や、職場内の人間関係も大きな要素である。

第四章でも述べたとおり、自尊心を重要視する北米文化においては、サポートを受け取ることが自分の無力感を自覚することにつながり、自尊心に脅威を与え、結果として幸福感への影響が小さくなる場合がある。しかし日本では、たとえサポートを受け取ることで自尊心が傷ついたとしても、サポートは対人関係の結びつきを認識させるものであるため、幸福とサポートの関係性はより強固であることが示されている（Uchida et al., 2008）。

日本における幸福観――理想の幸福状態は「ほどほど」

日本では、幸せな状態はその時々で変化するものであり、良いことばかりが続く人生というのはなかなかない、という価値観が生活のなかに根づいている。物事には良い面と悪い面の両面が同時に存在するという「陰陽思想」の影響がある。あまりに幸福であることはかえって不幸を招き、むしろ「良いこと・悪いことが同数存在するのが真の人生である」という、いわば「バランス志向的幸福観」が共有されている。

筆者ら（Uchida & Kitayama, 2009）による日米比較調査で、幸せの意味について五つ記述してもらう課題を実施すると、アメリカでは得られた記述全体のうち九七・四パーセントがポジティブな記述（何かを達成したときに感じる、飛び上がりたくなる、何事にも前向きになる、人に優しくなれる、自尊心が高まる、など）になったのに対して、日本ではポジティブな記述は全体の六八パーセントにとどまり（図5－2）、残

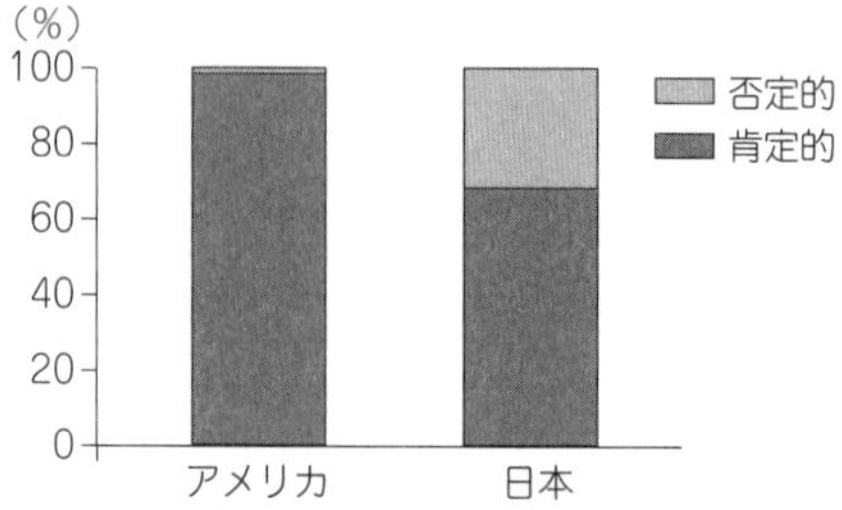

図 5-2　幸福の意味の評価（Uchida & Kitayama, 2009）

り三割近くは「幸せになると人からねたまれる」「周りに気遣いができなくなる」「幸せすぎると人は成長しなくなる」「そのうち失うのではないかと思うとかえって不安になってしまう」「長くは続かない」といった、ネガティブな記述がみられた（図5－3）。また、逆に不幸せ感についても同様の調査を行ったところ、アメリカ人の記述の九割が悪い側面についてのものであったのに対し、日本では「不幸せには美しさがある」「不幸せは、自己向上のきっかけとなる」など、肯定的要素を三〇パーセントほど見いだしていたのである。

総じて、自分だけが周囲から飛び抜けて幸福であったりすることよりは、「人並みの日常的幸せ」が大切にされている（Hitokoto & Uchida, 2015）。つまり、１０点満点の幸せが必ずしも理想のものとして目指されていないのである。内閣府の調査で理想の幸福度を尋ねたところ、日本では７・５点を下回っていた。つまり、日本の幸福度を欧米諸国のように８点、９点に上昇させる、という目標はあまり適切とはいえないのかもしれない。

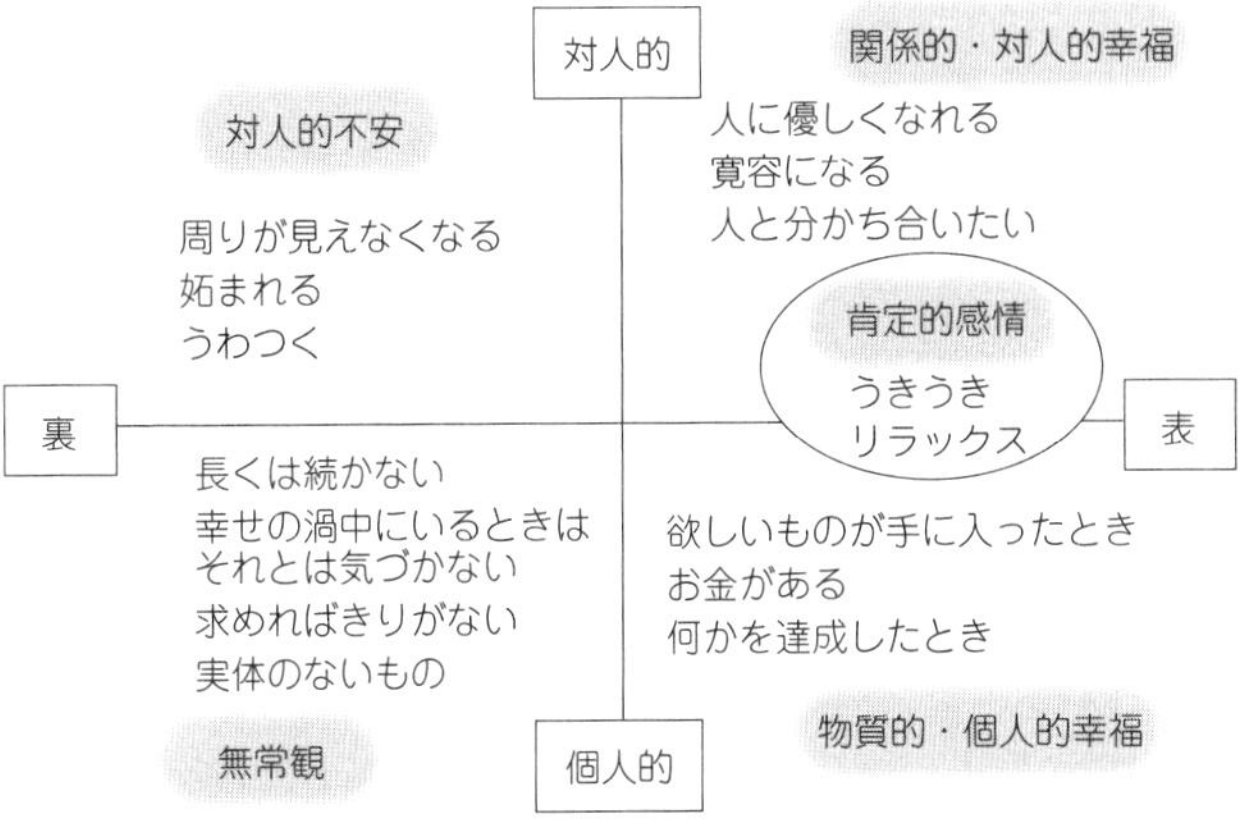

図 5-3　日本における幸福の意味のマッピング（Uchida & Kitayama, 2009）

幸福の陰と陽

北米においては、幸福は自分の（物理的・社会的な）能力や所有物を可能な限り最大化した状態で得られるものとして定義されているが、これは良い特徴や良い状況がさらなる幸福をもたらすという「増大的幸福モデル」が存在することが背景になっている。しかし増大モデルは日本にはあてはまらず、むしろ幸せはその時々で変化し、良いこともあれば悪いことも隣り合わせに起こりうるという人生観を反映させた東洋的バランス志向性のほうがより広くみられる。

バランス志向的幸福は、さまざまな形でわたしたちの物の考え方に影響を与えている。自らの人生だけではなく、他者の人生や出来事に対する予測にもバランス志向的解釈がみられる。「幸せすぎるとそのうち良くないことが起こるのではないか」という理解が定着しているの

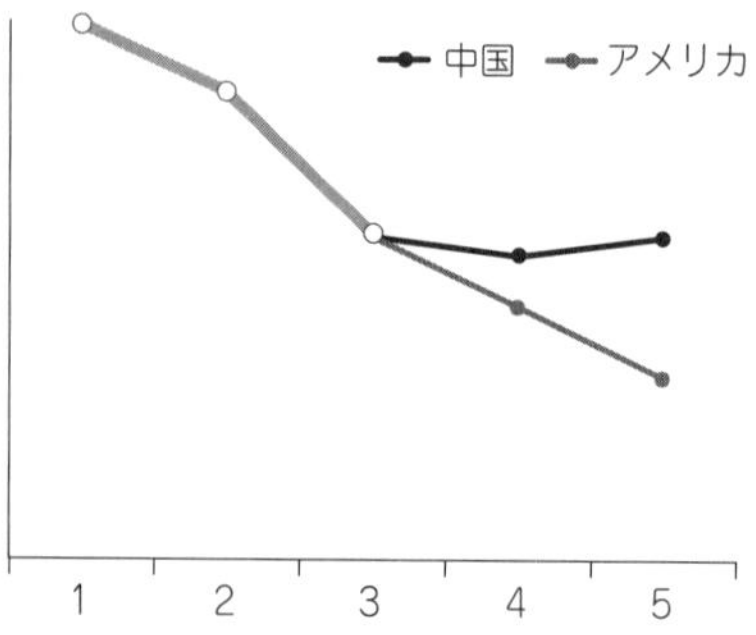

図 5-4　アメリカ人と中国人の変化の予測

最初の３ポイントの変化がまず呈示され、実験参加者はその後の２ポイントを予測した。アメリカ人は最初の３ポイントの変化（下降）がそのまま続くと予測するのに対し、中国人は同じ変化は予測しない傾向にあった（Ji et al., 2001 より一部改変）。

も、文学や芸術の表現の中からそうした部分に注目してきたからかもしれない。かつて時代劇の『水戸黄門』で歌われていた「人生楽ありゃ、苦もあるさ」というフレーズが思い出されるが、河合隼雄の書籍『こころの処方箋』（一九九二）においても「二つ良いこと、さてないものよ」と述べられ、東洋では人生の苦を乗り越えていくために、こうしたバランス志向が生み出され、さまざまな場面に応用されている。

陰陽思想は物事の変化予測に影響を与えるという。私たちは日常、いろいろなことの「変化」をどのように予測するだろうか。「Aくんは貧しい家で育ちましたが、大学に行くことはできました」などの文を読んだ後、「彼がいつか裕福になる可能性はどのくらいあると思いますか？」という質問をされたら、あなたならどう答えるだろう。中国とアメリカで行われた実験によると、中国人のほうがアメリカ人よりも変化を予測する（Aくんが裕福になることを予測する）ことが見いだされている。また、経済状態などのいくつかのパターンの時系列的変化を表す折れ線グラフを示してその後の変化を予測させたところ、それまでの変化に沿った予測を行う（減少傾向を示すグラフであればその後も減少を予測する）傾向はアメリカ人のほうが強く、それまでの変化と逆の予測を行う（減少傾向にあるグラフで、次には増加を予測する）傾向は中国人のほうが強いことが示されている（図5－4）。さらに、数種類の線形的・非線形的な変化のグラフを示し、それらが人生を表すとすればどれが最も幸福な人生と思うかを判断させると、線形的変化はアメリカ人により良いとされるのに対し、非線形的変化は中国人により良いとされた（Ji et al., 2001）。

信念・価値観は、感情経験にも影響を与えている。ポジティブ感情とネガティブ感情を感じている強さを測定したところ、アメリカではこれらが負の相関をもつのに対し、東洋文化（中国・韓国）では逆に正の相関をもつことが示されている（Bagozzi et al.,1999）。つまり西洋ではポジティブ感情とネガティブ感情は両極性をもつのに対し、東洋文化においてはそれらがバランスを保って共存しているといえる。

実際、日本ではより「ポジティブかつネガティブ」というあいまいな感情が感じられることがあるとされている（Miyamoto et al. 2010）。卒業や移動に伴う新しい生活への期待と不安などがこれにあたる。こうしたバランス的感情は実は身体的健康に効果をもつことも知られている（Miyamoto & Ryff, 2011）。また、負の感情が身体的健康を損なう効果は日本よりアメリカで高い（Curhan et al., 2014）。このように、ネガティブな感情状態がもたらす影響については実質的な文化差があるといえる。ある意味バランス志向的社会はネガティブ耐性が強いともいえるのである。

第六章　文化比較の理論と方法

文化とは

これまでの章でも文化の違いについて述べてきたが、本章ではあらためて文化と心についてのさまざまな理論的・実証的知見を紹介する。

文化には多様な定義があるが、心理学で扱う文化は私たちの身近にあるような習慣そのものであり、「ある集団内に社会・集団の歴史を通じて築かれ、共有された、価値あるいは思考・反応のパターン」として定義することができる（北山、一九九八）。

私たちは、家族や友人などの小さな集団から地域や国など、さまざまな範囲の「社会」のなかで生きている。社会のなかでは人々の交流が生じ、一定の行動習慣・規範が生まれ、さらには価値観が伝達される。習慣・規範・価値観など、社会のなかで共有される有形無形の枠組みが「文化」であるといえよう。

たとえばどのような挨拶や感情表現をするか、家族や近所の人とのつきあいの仕方や、人助けはどのようにするべきか、など、私たちが日常的にさまざまな形で行動の指針としているような、暗黙の習慣やルールも文化に含まれる。

自分の所属する集団のなかにある習慣やルール・価値観などの文化は、周りの人にも共有されており、日常生活にとけ込んでいるため、「当たり前」のものとして、日ごろ意識されることは少ない。一方で、自分が所属している集団とは異なる規範や習慣をもつ集団に接すると、突如明確に意識されることがある。外国に行って生活の仕方や家族のあり方などの考えが異なっていることに驚いたりすることなどがその一例である。

文化は一定の集団内で共有され、伝達されるものである。したがって、集団を構成する人々が変化することにより、文化自体も変化する。この場合の集団とは、アメリカ、日本といった国家・民族などの大きな枠組みだけではなく、地域や家庭などの、歴史的に積み重ねられてきた背景を共有する人の集まりにもあてはめることができる。つまり、私たちの生活には、さまざまな文化が多層的に重なって存在しているといえる。

心と文化の相互作用

人の行動・感情などは「心理機能（心のはたらき）」と呼ばれる。心理機能には当然のことながら遺伝子や脳・身体の機能などの生物的な特性が関わっており、人一般に共通する部分も多い。しかし人間は生まれたときにその性質のすべてが「決められてしまう」存在ではない。環境や状況、個人の経験によってさまざまな心理機能が作り上げられる。なかでも文化的な価値観は、人々の行為や感情に直接的に影響を及ぼすこともあれば、政治・経済・宗教・言語、さらに学校や家庭、職場などの身近な人間関係を通じて伝達されていくことも多い。そしていったん心理機能が作り上げられると、人は文化のなかにある習慣的行為や価値の伝達などを実際に行うことによって、文化慣習の維持や変容に関わっていくことになる。

個人の心のなかで生じる現象と、社会・文化の中で生じているマクロな現象のダイナミックな相互作用を検討することは、社会科学が人間理解の一つの命題として目指してきたことである（Kashima, 2014）。そしてとくに、文化心理学と呼ばれる分野の研究で重要視されている。

実は近年の多くの心理学の理論は、アメリカの研究者によって、アメリカの大学生を対象に行われた実験や調査のデータに基づいて構築されたものが多い（図6―1）。心理学においてはアメリカ人のなかの、さらに大学に進学できるような一部の人たち（地球人口の五パーセント以下といわれる）を対象に行われてきた。これまでの多くの心理学の研究で対象となってきたこうした人々はWEIRD（Western, Educated, Industrialized, Rich, Democratic：西洋の、高い教育を受けた、近代化された、裕福で、民主主義的）な人々と呼ばれている（Henrich et al., 2010）。そしてWEIRDの人々から得られたデータを、全世界のあらゆる環境下に暮らす人にあてはめることができると考える傾向が強かったのである。

北米で収集されたデータの結果のなかには人間の普遍的な心理現象を捉えたものもあっただろう。しかし、研究の多様性が疎外され、ひいては「文化」という重要な要素を入れずに理論構築することは過度な

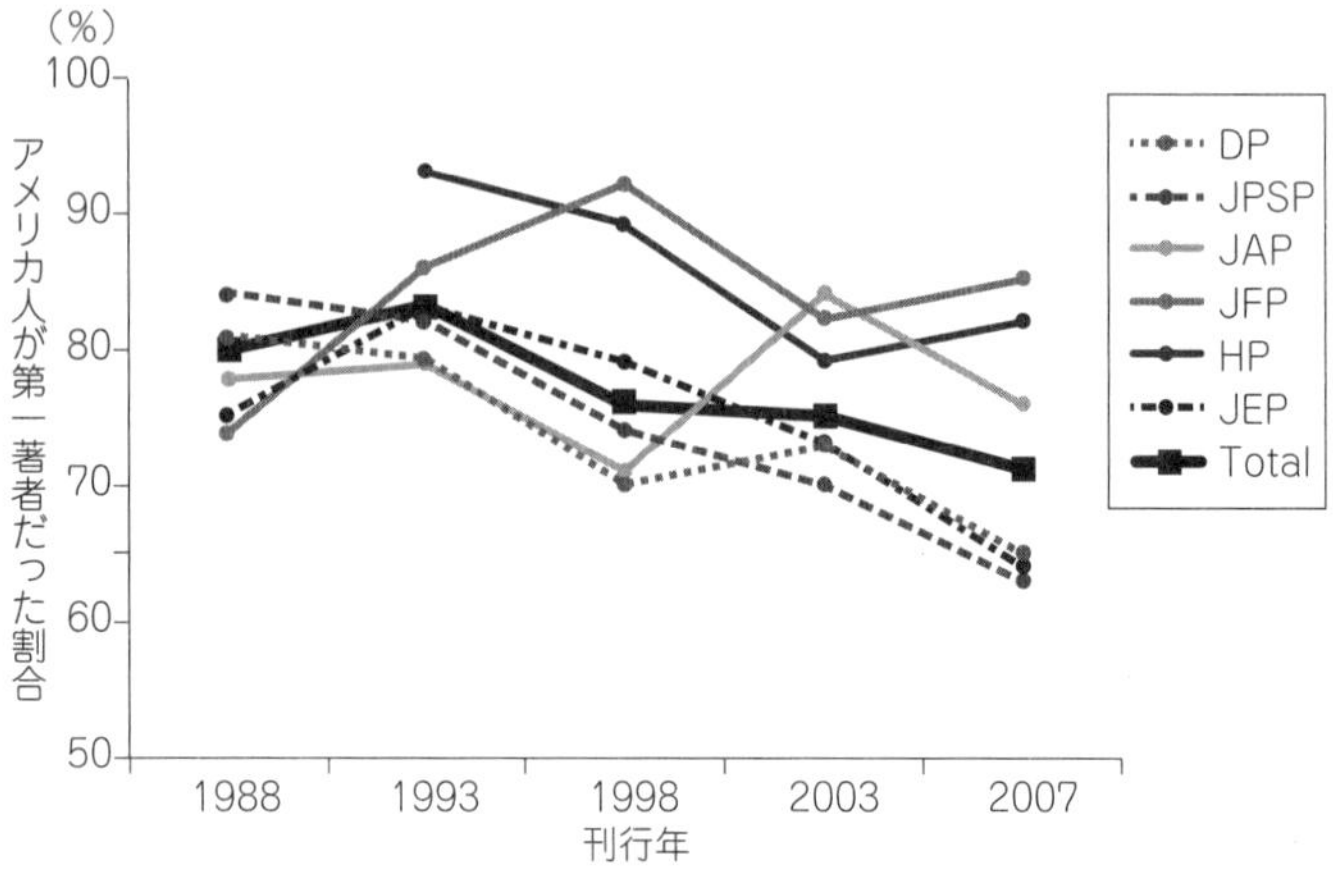

図 6-1　1988 年〜 2007 年の心理学のトップジャーナルにおいて発表された論文中、アメリカ人が第１著者だった割合（Arnett, 2008 より）
注：DP = *Developmental Psychology,* JPSP = *Journal of Personality Psychology,* JAP = *Journal of Abnormal Psychology,* JFP = *Journal of Family Psychology,* HP = *Health Psychology,* JEP = *Journal of Educational Psychology.*

「普遍主義的心理学」であるとして、問題視されるようになってきた。文化心理学研究では多くの社会心理学研究が実施されてきた北米のヨーロッパ系アメリカ人大学生のデータと、それ以外の集団（アジアの国など）との比較を実施し、文化の要素を組み入れる理論モデルの重要性を実証してきた。近年ではより発展的に、なぜ、どのような条件下で文化差が生じるのか、その原因を推測していくような研究が行われている。

相互独立性／相互協調性

認知や注意、感情や動機づけなどの「心の性質」は、文化的価値や制度的環境（政治・経済などを含む）などのマクロ現象の影響を受けている。最も身近には家庭や学校、職場などの人間関係のなかにある「日常的な習慣・現実」に参加し、そこでさまざまな現実的な課題を実施し、繰り返し行為しながら学習することを通して心の性質がつくり出される（Kitayama et al., 2009）。

そしていったん心理プロセスが作り上げられると、人は互いにコミュニケーションをとり、行動することなど、身近な集合現象に参加することを通して、獲得した文化慣習の維持や変容に、意識的あるいは無意識的に関わっていく。つまり、人の心は社会・文化的な習慣や産物から完全に独立ではない。同様に社会・文化的な習慣や産物は、人の心や行為と離れて存在することはない。文化と心の関係は、文化が心を作り上げるという、一方向的なものにはとどまらない。このダイナミクスを、シュウェーダーは「文化と心の相互構成プロセス」と述べた（Shweder, 1991）。

上記のような「心理プロセス」と「文化」の相互構成過程を前提として、マーカスと北山はとくに日米の文化差に着目した。そして文化のなかにある人一般に対する理解のモデルである文化的自己観についての理論化を行い、北米の中流階級では「相互独立的自己観」が、日本では「相互協調的自己観」がそれぞれ主にみられるとしている（Markus & Kitayama, 1991）（図6－2）。

相互独立的自己観とは、①人は他者や周囲の状況から区別された属性（能力・性格など）によって定義される「主体性」をもった実体であり、②人の行動の原因となるのはその人の内部にある属性そのものであり、③対人関係は互いの相手に対する関心や、向社会的動機づけに基づいた行動や、周囲へのコントロール欲求によって築かれているというモデルである。このような自己観においては、個人は高い自尊心をもった主体で、それを周囲に対して表現するものであるとされる。よって個人が社会的に適応するため

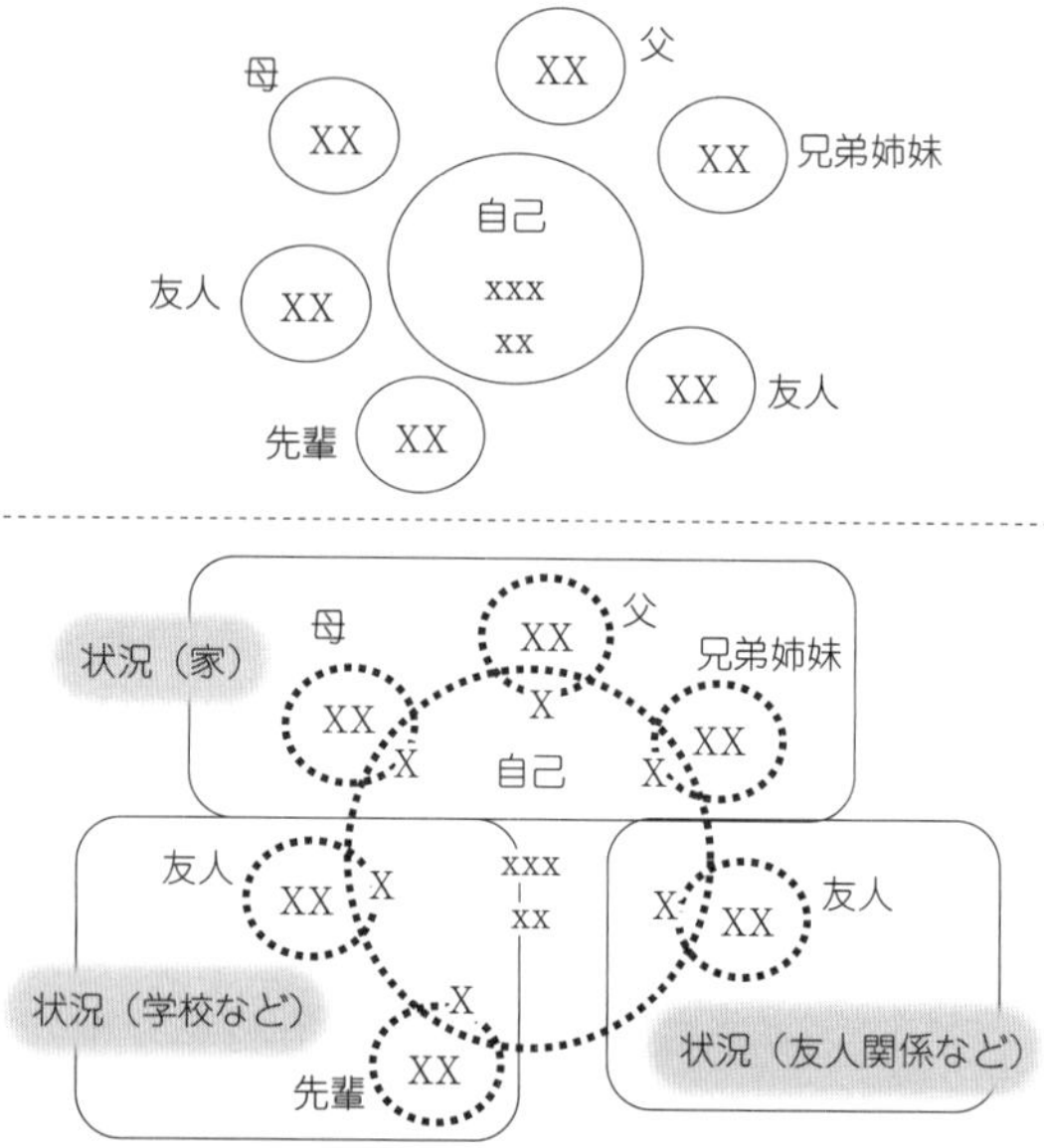

図 6-2　相互独立的自己観のモデル（上）と相互協調的自己観のモデル（下）
（Markus & Kitayama, 1991 より一部改変）

には、自分のなかに望ましい属性があることを確認して、「誇り」をもってそれを表現していくことが必要となる。そしてこの傾向は、結果として他者から受ける「称賛」により、さらに強まっていく。こうした経験を通して「自己の独立」（自己表現や自己主張、他者への影響、自立など）にまつわる価値観が生まれていく。

北米で繰り返し検証される自己高揚傾向（自分が他者よりも優れていると考える傾向）などはこの表れともいえるだろう。筆者がアメリカ留学中にミシガン大学で実施した、自分についての文章をつくる心理テスト（Twenty Statement Test と呼ばれる）では、アメリカの学生たちは、「私は頭が良い」「私はとても良い人間である」「見た目が良い」といったポジティブなことをたくさん記述していた。これは五章で述べたような、自尊心が幸福感をもたらすという北米の特徴にも表れている。

これに対し、日本において主にみられる相互協調的自己観は、①人は他者や周囲の状況などと結びついた社会関係の一部であるため、その定義は状況や対人関係の性質によって左右されるものであり、②人の行動はその人が関わっている状況や他者からの反応の結果であり、③対人関係は周囲からの要求に互いに「合わせる」行動によってつくられている、というモデルである。相互協調的な自己観においては、人は他者や周囲の状況に合わせるために自己の足りないところに注意を向け、他者と協調的に関わっていくことが必要になる(Morling et al., 2002)。また、自己の力を高く見積もるような自己高揚傾向は日本ではあまりみられない(Heine & Lehman, 1999)。先に紹介した自己についての文章をつくる心理テストを京都大学で実施したところ、アメリカのような回答はほとんどみられず、むしろ「私は自分が頭が良いのか悪いのかよくわからない」などの回答が得られた。

ここで述べられているような文化的自己観による分析は、「西洋」「東洋」の違いというように世界を二分するものではなく、あくまで北米と日本との比較検討により浮かび上がってきたものである。したがって、すべての国家や集団が相互独立―相互協調のいずれかに分類されるという意味ではない。また、同じ文化のなかにある人がすべて同一の文化的自己観を有しているのではなく、文化内の個人差も考慮に入れる必要がある。さらに、自己観は人が「知識として」もっている固定的な性格特性ではなく、むしろ社会・文化の中で共有されている人間についての一般化された理解のモデルであるといえる。

自己と文化の関係についての概念の文化比較には、個人と社会関係のいずれを重視するか、という軸も

表6-1　ホフステードらによる「個人主義—集団主義」度の国別評価（日本は46）

個人主義度が高い国		集団主義度が高い国	
アメリカ	91	グアテマラ	6
イギリス	89	エクアドル	8
オーストラリア	90	パナマ	11
カナダ	80	ベネズエラ	12
ハンガリー	80	コロンビア	13

出典：https://www.hofstede-insights.com/models/national-culture/

存在する。その一つが個人主義と集団主義である。個人主義的価値観が優勢な文化に生きる個人は、個人の価値や権利を重視する傾向をより強く身につけるという。個人主義とは、個人的な達成、動機づけ、選択、感情を集団のそれよりも重視し、個人の目標に対して集団の目標よりも優先させて取り組む傾向を示す。これに対して集団主義とは、集団内の協調や調和、集団全体としての達成、動機づけ、選択、感情を個人のそれよりも重視する傾向を示す（Hofstede, 2001; Triandis, 1995）。ホフステード（Hofstede, 2001）は国レベルでの文化的価値の個人主義、集団主義を数値化しているが、これは複数の国を比較するデータの説明変数として用いられることが多い。個人主義—集団主義はホフステードの国民文化を説明する6次元モデルの一つの次元である（そのほかの次元は権力格差の大小、女性性と男性性、不確実性の回避の高低、短期志向と長期志向、人生の楽しみ方の抑制と充足）。ホフステードらは個人主義と集団主義についてデータをもとに0点（集団主義）から100点（個人主義）として数値を表している（表6—1）。

文化的自己観がつくられていく過程

文化的自己観は学校や家庭での教育や身のまわりにある日常的な事物――テレビや新聞での報道、絵本や教科書の内容、歌の歌詞――など、多岐にわたる事物に接することで個人の中にも浸透していくと考えられる。文化的価値を反映して作り出され、価値を新たに人々に伝達する事物や媒体を「文化的産物」と呼ぶ（Morling & Lamoreaux, 2008）。

たとえば私たちは報道に触れることで、人物に対する理解や、目標達成がどのようになされるのかという「ストーリー」についての素朴な知識を得ていく。つまり報道に接することで、文化がまた新たに人に伝わっていくのである。報道は製作者や聴衆の心を反映してつくられた「心」の総体であると同時に、新たに聴衆に影響を与える「文化的産物」でもあるのだ。

日本のスポーツ選手についての報道場面では、しばしば選手の気持ちが取り上げられる。勝利の後の「今のお気持ちは」というインタビュー中の質問はその典型的なものである。オリンピックのような大舞台でメダルを獲得した選手がどのような気持ちで試合に臨んだのかという情報は、視聴者にとっても非常に興味があることの一つである。このような選手の気持ちの取り上げられ方は、日本以外でもよく見受けられるものなのであろうか。筆者が、スタンフォード大学のヘーゼル・マーカス教授のグループと共同して実施した研究では（Markus et al. 2006）、オリンピック選手についての日米のメディア報道のなかで、

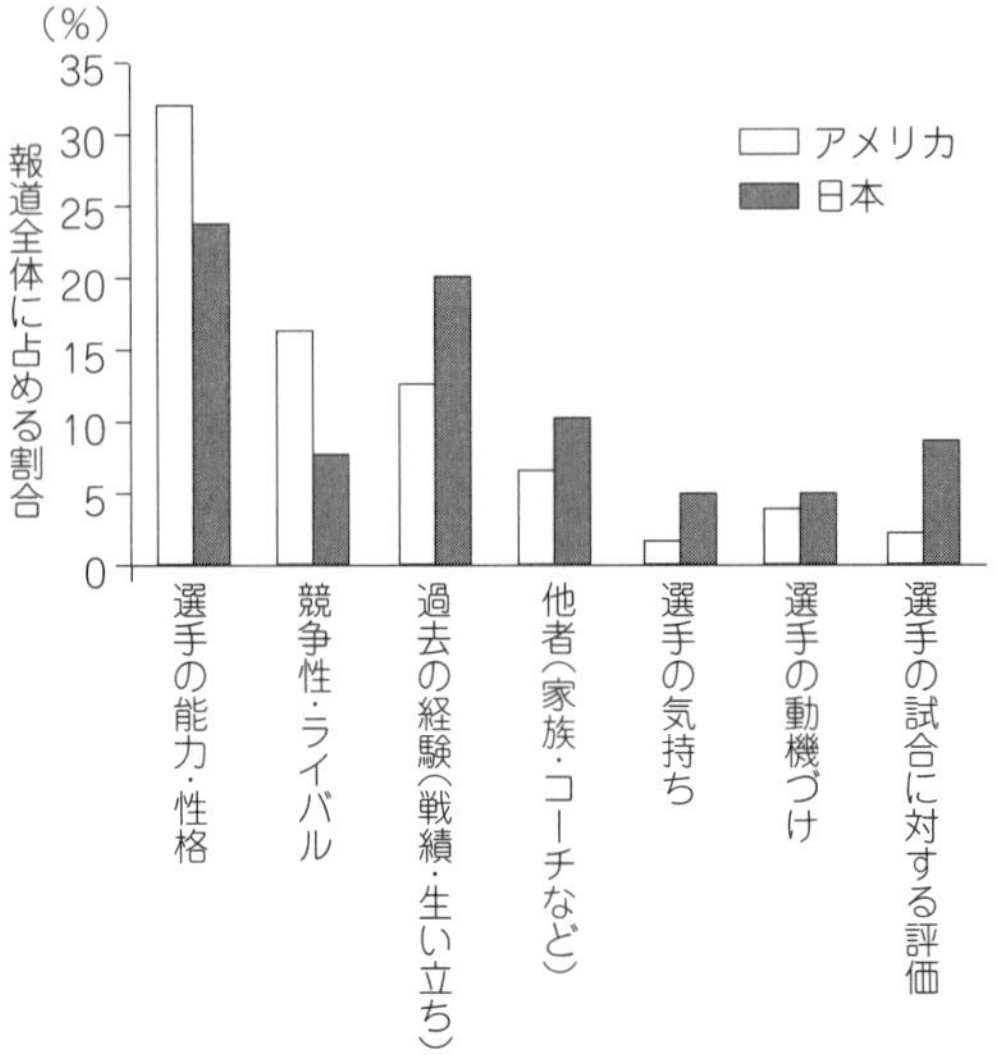

図6-3　オリンピック選手に対する日米での報道内容
(Markus et al., 2006 より)

どのように選手の動機づけ、感情などについて取り上げられているのかを調査した。研究1では、二〇〇〇年のシドニーオリンピック、および二〇〇二年のソルトレークシティ冬季オリンピックにおける、日本人選手七七名とアメリカ人選手二六五名についての日米での新聞、テレビ、雑誌のオリンピック報道（選手のコメント、記者の分析、解説者の分析を含む）の一字一句がどのような内容に言及しているかを分析した。すると図6－3に示すように、アメリカの記事では「選手の能力・性格」といった個人的特性と「競争性・ライバル」について日本より統計的に有意に多く言及する傾向が強いことが明らかになった。これに対して日本の報道においてはライバル以外の「他者」（家族やコーチ、友人）についてアメリカよりも多く言及しがちであり、周囲の人たちやファンに喜びを与えることが、選手の大きな動機づけとして取り上げられていた。また、「選手の感情」に迫る内容もアメリカよりも多く言及されていた。

さらに、「才能がある」「以前のチャンピオンである」という肯定的要素と、「気が弱い」「つらい思いをした」などの否定的要素についての報道の量を調べたところ、アメリカではヒーローであるオリンピック選手の否定的要素にほとんど注目しないが、日本においてはたとえ強い選手だとしても、過去には敗北のつらい経験をしているとか、弱点もあるのだというように、否定的要素にも肯定的要素と同様に注目することが示唆された。

また、報道内容の文化差に対応するように、研究2においては、日本人がアメリカ人よりも「選手の感情」情報を必要としていることも明らかにされている。これは、スポーツ選手をみる人たちが、選手の過去や生い立ち、心境に焦点を当てることによって選手の状況や気持ちを理解しようとする日本の「気持ち主義的人間観」（東、一九九四）が反映されていると考えられる。

この結果には、動機づけの文化差も関連していると考えられる。人間の能力は生まれながらにしてある程度「固定的・永続的」であるという考え（固定理論）をもっている場合、ある領域における自分の能力に自信をもっていなければ、その領域での努力を継続することは難しい（Dweck & Leggett, 1988）。それゆえ、課題に対する自分の能力が十分であるかどうかに注意が向き、自分の能力について肯定的評価を受けることを目指す「自我目標」が課題となる。そして、失敗するとその課題に対する無力感が導かれやすい。これに対して能力は「可変的」であるという考え（拡大理論）をもっている場合、目標は自分の能力を高める「課題目標」となる。すると課題への失敗は新たなる努力目標の発見と弱点の克服にもつながる有益情報として捉えられるため、つらい感情経験をするような失敗事象の認識は重要視される。固定理論の考えは北米やカナダに多くみられ、拡大理論の考えは日本に多くみられるという。だとすれば、日本人スポーツ選手やスポーツ観戦者が、選手が失敗を受けとめてその苦しみを「乗り越える」というプロセスを重要視することはこのような能力観を反映しているといえるだろう（Heine et al., 2001）。

文化差が生じた要因

こうした独立的、あるいは協調的な自己観は、なぜ、どのようにして作り上げられてきたのだろうか。「個人の自立」と「社会の調和」という軸はいずれの文化にも存在しているが、これらの概念がどの程度それぞれの文化的習慣や価値観として組み込まれているのかには文化差が存在する。とりわけ人口密度が低く、移動が頻繁で、狩猟採集に依存する経済体系を歴史的にもってきたアメリカでは独立性が優先されやすく、逆に人口密度が高く定住型の農耕に依存する経済体系を歴史的にもってきた日本では社会の協調が優先されやすいとされる（Uchida et al., 2019）。また、人口密度が低く、自らの意思で移住したいわゆる「フロンティア」の間には個人主義的心理傾向が培われているのではないかという「自主的移民仮説」なども検証されている（Kitayama, Ishii et al., 2006）。

ニズベットらは、農耕や狩猟といった、古代ギリシャと古代中国の経済システムの違いに北米と東洋の文化差のルーツを求めている。彼らによれば、狩猟採集を主な生業とする集団は、自分の力を信じ、新しい路を切り拓くこと、つまり「相互独立性」が重要とされる。まさに、アメリカの開拓民のイメージである。このような環境下では、人と助け合うことよりは自分の力を信じたほうがより適応的であるし、また、家畜や捕らえた獲物を盗まれないように、自分の力を最大限に周囲にも示していくことが必要となるであろう。

さらに、大石（Oishi, 2010）は文化を形作るものとして、住居等、人々の流動性の重要性を指摘している。アメリカでは引越し回数や転職回数、離婚率が高いなど、社会的流動性が高い。このような社会においては、自分の力を信じて見極め、より新しい機会を求めて移動することがより効率的となる。これに対して日本型社会ではアメリカに比較すれば流動性は低い。転職や離婚はチャンスの増大というメリットよりは、リスクというコストが大きいとされ、人々は組織に縛られがちであった。

もちろん、宗教も文化を形作る重要な要素であろう。マックス・ヴェーバーは、『プロテスタンティズムの倫理と資本主義の精神』（一九〇五）のなかで、プロテスタントの宗教的道徳観や倫理観と、そこに生きる個人のあり方（資本主義）の密接な関係を描き出している。プロテスタントの宗教倫理や職業倫理は、社会のなかのさまざまなしくみ、それにまつわる法律やルール、そして日常的な現実（勤勉に働き、その成果のなかで自らの宗教的価値を見いだす考え方・信念と、それを支える日常的制度）をつくり出す。こうした現実がいったんつくり出されると、そのなかに生きる人々の精神構造や行動原理（よく働き、課題達成を重視する、など）に影響を与えていく。プロテスタンティズムの環境下では、自分が神に選ばれた存在であることを証明するためにも、人々は成功や達成などの成果獲得を追い求める傾向が高くなり、自らの生活を仕事に捧げるような職業倫理観がみられるという。ヴェーバーは、プロテスタント的な行動原理は、競争を勝ち抜くことを必要とする資本主義的社会構造を再生産していく背景となったとしている。つまりこの分析のなかでは、ある文化的な要素が人の心の性質を形成し、その心理プロセスや行動が新たに文化や社会構造を構築すること、そしていったんできあがった文化・社会構造が、今度は再び心の性質に影響を及ぼすという、文化の再生産システムが描き出されている。

生業文化

現在、筆者の研究室のプロジェクトでは、より小さな共同体である「生業集団」としての、「集落」と「企業」のそれぞれを単位とした分析を可能にする研究を進めている。地域調査のほうではとくに農漁村地域においてどのような単位で価値観の共有が起こっているのかを検討しようとしている。また、企業もそれぞれの風土や価値（企業理念）を共有している単位として捉えることができるだろう。これまでの国際比較からは、北米や欧州に比較して「他者との協調的な関係」が重要かつ幸福の主要な源であるとされてきた日本において、「地域」や「企業」という、日本国内の文化差の影響を、マルチレベル分析を用いて調べようと試みている。

従来の文化心理学研究は、文化の多層性の検証は十分ではない。したがって、「幸福感において他者とのバランスや協調性が重視される傾向」は、日本のどのような環境下でより強くみられるのかは、いまだ解明されていない。多くの研究者は日本の相互協調性は農耕を基本にした定住型社会システムにルーツがあると論じているが、実際にこれが本当なのかどうかを検証してみる必要がある。

こうした問いに対して近年のいくつかの社会生態学的研究が、一定の回答を提示しようとしている。先述した通り、ニズベット（Nisbett, 2003）や北山らの研究グループ（Uskul et al., 2008; Talhelm et al., 2014）は、生業を一つの説明軸とし、定住による長期的な協力と分配が必要な農業文化圏においては、牧畜などに比べて他者との関係が重視されると述べている。トルコ国内における生業の比較を行った研究においては、農業者がより他者に気を配り、包括的認知傾向（事物の特徴を認識する際に、事物の周囲や背景にある状況も加味する傾向）が高まるという証拠も得られている（Uskul et al., 2008）。さらに近年では中国国内で、麦作地域出身者より米作地域出身者のほうが包括的認知傾向が高いことも示されている（Talhelm et al., 2014）。米作のほうが麦作よりも大規模な協力関係を必要とすることが、この結果の一つの解釈である。

「生業」がもつ効果は、社会経済的な側面と、それがもたらす制度、そして文化的な規範へと浸透して、人々の心をつくり出していく。アメリカ南部の男性の「怒り」行動を扱った名誉の文化の研究は、文化と心の関係を描き出す好事例である（Nisbett & Cohen, 1996）。アメリカ南部の男性は北部の男性に比べて喧嘩っ早く、統計的にも北部に比べて暴力事件の事例が多いとされている。南北での地域差は、気温の高さや経済格差、かつての奴隷制度などによって説明されることが多かった。これに対してコーエンとニズベットは南部における牧畜業が「名誉の文化」（自らの名誉を守るための暴力は受け入れられる）をもたらしたという仮説を立て、現在の人々の感情傾向との関わりを検証している。アメリカ南部では歴史的に大規模な牧畜を生業としてきた。牛などの家畜は非常に貴重な生産品であり、盗まれることが与える経済的打撃は小さいものではなかった。今でこそＧＰＳなどのさまざまな技術で盗難を防ぐことはできるが、かつ

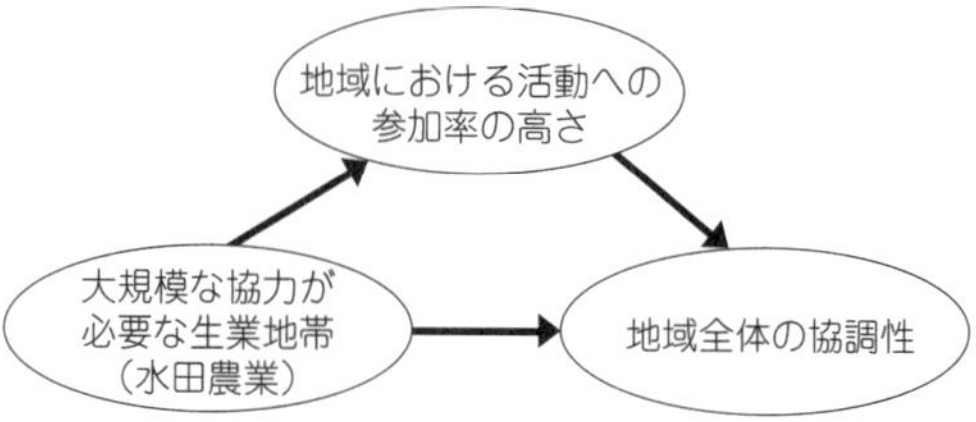

図 6-4　農業と協調性の関係（Uchida et al., 2019 より）

てはそう簡単ではなかっただろう。そのため、家畜が盗まれることがないように防衛することが経済的に理にかなっていた。そして牧場主の男たちは、もしも誰かがルールを破ったら、ただではおかないのだ、という態度を示して自分の力を示し、互いに秩序を守ることが重要になった。結果として南部の男性は自らの屈強さをアピールし、「あいつのところからは家畜を盗みやすい、腰抜けだ」というレッテルを貼られないような評判を保つようになったという。牧畜業者は減少し、家畜の管理が技術的にできるようになった現在においても、「名誉」を示すことを重視する文化だけは残り、南部の人々の感情経験に影響を与えているのではないかというのがニズベットらの仮説である。そしてそれを検証するための実験をいくつか行っている。南部の出身の人はとくに相手から侮辱された場面で、威嚇する怒りを表すような行動を行うことや、攻撃性に関連するホルモンであるテストステロンやストレス反応であるコルチゾールのレベルが上昇することが示されている。

生業→制度→文化→心というモデルが正しいとすれば、農業文化圏とされる日本全体にその影響が波及しているのかについても検討することが可能であろう。日本においては、他者からの評価を気に掛けたり、調和を重視するような「相互協調性」が高いとされている。そのルーツは農業にあることが示唆されているが、実際に「農業に従事すること」が重要なのか、あるいは「農業地域に暮らすこと」が重要なのかについては明らかになっていなかった。また、日本の特徴ともいえる漁業に由来する心の性質が日本全体に広まっていない理由も明確ではなかった。そこでこれまでの筆者らのグループの研究（Uchida et al. 2019）では、農業地域や漁業地域、都市的地域からサンプリングした四〇〇ほどの集落、四万世帯を対象とした質問紙調査を実施した。回収された七〇〇〇人ほどからのデータからは、農業地域に住んでいる人は非農業者を含めて、漁業地域や都市部の住民よりも、相互協調的傾向（同じ地域内の他者からの評価を気にする傾向）が高い可能性が示唆された。ここで重要なのは、農業地域には住んでいるが、農業には直接従事していない人たちにおいても、相互協調的傾向が高かったことである。農業地域全体でなぜ協調性が高くなるのかを検討したところ、農業地域では他の地域よりも「集合活動」（お祭りや自治会活動、防災活動、用水路清掃、冠婚葬祭）の参加率が高く、この参加率の高さが協調性を促進していることが示された。農業地域、とくに水田稲作がさかんな地域では、人々の大規模な協力関係が歴史的に必要とされてきたと考えられ、これが地域の伝統となり、現在に受け継がれていると考えられる。おそらく協働作業で人々が互いに顔をあわせて協力することが求められるような状態が、「農業的相互協調性」という価値が共有されることにつながっているのではないかと考えている（図6－4）。調査からみえてきたことは、人々がさまざまな形で集い、互いに役割を調整しあい、ネゴシエーションする過程のなかで「他者とうまくつきあうことを重視する」ということが協調性のルーツとなっていたということだ。人々が集って互いに影響をもたらしあうプロセスが協調性の基盤となっているならば、日本社会において協調性が容易に広まった理由もわかる。ちなみに、漁業者（養殖業を除く）においては他の業種の人たちよりも自尊心が高いという傾向がみられたが、この心理傾向は漁村全体の特徴（非漁業者と漁業者双方でみられる特徴）ではなかった。

自尊心と関係流動性

北米の研究では幸福感の予測因として、主体性、周囲に対する支配、人生の目標、個人的成長、自己受容、他者との良い関係性などがあげられるが（Ryff & Keyes, 1995）、これらのうちほとんどが個人主義的な価値である。また、外界に対する自己の統制力を信じたり、自己の将来を楽観視することなど、「自己の存在のポジティブさ」の幻想をもつことが精神的健康を維持することが示されている（Taylor & Brown, 1988）。

アメリカの競争主義においては、自尊感情が重要視され、幼い頃から自らが特別に良い特徴をもった人間であるはずだというような気持ちを抱かせる教育がなされている。自己主張をはっきりさせるばかりでなく、自己主張を「自信をもって」行わせる。流動的な社会のなかで、友人やパートナーは「選び選ばれる」存在であり、自己アピールを行ってこそ社会関係を享受できるからである。

結城らのグループは、ある社会における対人関係の選択肢の多さを「関係流動性」と定義し、関係流動性の高い環境においては関係形成の機会が多く存在するため、人々は既存の関係に固執するよりはより良い関係を求めるようになるとしている（Yuki et al., 2007）。このメカニズムから考えれば、関係流動性が高い社会とされる北米の環境は、人々が自分のもつ資源を十全に活用し、より高い幸福感を求めようとする傾向に寄与する一因となっていると考えられる。筆者はアメリカと日本で友人関係に関する調査を行ったことがあるが、アメリカ人に「良い友人の特徴」を尋ねると、多くの場合「信頼できること」「自尊心が高いこと」「能力があり、つきあう価値があると感じさせること」といったような記述が多くみられた。友人関係は相手のもっている価値や人間性をもとに「選択」ベースに形成され、良い相手を互いに選びあう。一度友人として選ばれたら、それは自分が認められたことを示すものであり、自己評価をさらに高く感じることができる。

一方で日本においても自尊心はもちろん重要ではあるものの、相対的にいえばその重要度はやや低い。つまり自尊心が高くなければ致命的である、というような状況（流動的な社会のなかで自己主張することの重要性）に乏しいということになるだろう。この点については結城らの研究でも、関係流動性が高い文化にあるほど、自尊心が幸福にもたらす効果が強いことが示されている。

比較文化の方法論

本章ではいくつかの比較文化による知見をあげてきたが、これらは主に実験社会心理学や認知科学のパラダイムによる調査や実験を通じての実証研究である。また、近年では脳内活動における文化比較がなされており、一定の成果があげられている。実証科学的なアプローチは、文化の影響が単なる表層的・意識的なものではないことを導き出す重要な知見である。

注意点として念頭に置くべきなのは、文化の研究は、文化を比較して差異を見つけだすことを目的として行われるものではないということである。比較は文化と心の関係を明らかにする有効なツールであるが、差異の発見そのものが目的ではなく、あくまで心と文化の関係を相対的な視点から知ることが目的である。したがって、共通性を見いだすことにも一定の意義がある。また、いくつかの国や地域を比較すると、何らかの違いや特徴が表れることがあるが、単純に差異を見つけることではなく、理論的にどのような差異や共通性が導かれるべきであるかを検討したうえでデータを収集し、解釈することが重要となる。

こうした目的において、比較文化研究だけではなく、プライミング研究というものが行われることがある。これは、ある文化に関連した事物や状況などを示すことによって、その文化のもつ性質に応じた心理反応を見いだそうとする「プライミング効果」を用いるものである。たとえばある文化のことを連想させるような絵を見せたり、その文化の言語を使ったり、音楽を聴かせるなどのことをプライミング刺激として用いる。東洋と西洋の二つの文化にアイデンティティをもつバイカルチュラルの中国系アメリカ人は、中国文化のシンボル（龍の絵など）を見せられた後には中国的な反応をし、アメリカ文化のシンボル（星条旗など）を見せられた後にはアメリカ的反応をするということがあるという（Hong et al. 2000）。シンボルや言語をプライムとして使う際には、実験参加者が両文化のシンボルや言語に接した経験があることが前提となる。そのためプライミング課題は、バイカルチャーを対象として実施されることが多い。

また、状況サンプリング法は、文化のなかにある状況が人の心にどのように作用するのかを検証する方法として知られている。北山らは、日本とアメリカの学生に、「自尊心が変化した」状況をたくさん思い出して書き出してもらい、日米両方で集められたさまざまな状況を、今度は別の日米の学生に示し、もし自分がその状況にあったら、どの程度自尊心が上がるか、もしくは下がるかどうかを尋ねている（Kitayama et al. 1997）。すると、一般的に自尊心を高揚させやすい（自己高揚動機が強い）アメリカ人のほうが、日本人よりも自尊心が上がる度合いが高いという「心理傾向の文化差」のみならず、日本で集められた状況よりもアメリカで集められた状況のほうが日本人にとっても自尊心を上げる効果が強いという、「状況要因の文化差」もみられたのである。状況サンプリング法からは、文化の違いをもたらしているものは状況に反応する心理傾向だけではなく、文化のなかにある状況そのものにもあるということを知ることができる。

第七章　文化と感情

感情の文化的基盤

感情が生じるメカニズムは生物の適応と深く関わっている。私たちは、恐れを感じることによって対処行動をとることができるし、悲しみや怒りを感じることで、対人的に搾取されることを避けることもできる。エクマン（Ekman & Friesen, 1972）は、感情を経験することや感情を表情に表出することは、生得的な要因による文化共通性があることを指摘している。感情表出は社会的な場面で重要な情報を伝達する役割を担うため、進化の過程で獲得されてきた。エクマンらの「基本情動理論」の知見によると、人間には喜び、恐れ、怒り、軽蔑、驚き、悲しみ、嫌悪などの基本情動があり、それらが喚起されたときには特有の表情が表出されるとしている。それゆえ、さまざまな場面での表情のつくり方（表情筋の動かし方）、さらには表情の認知は、いずれの文化でも共通した基盤があるという（Ekman & Friesen, 1972）。たとえば、嬉しいときには口の両端を上げて笑顔をつくることは文化共通の現象といえるようである。

一方で、私たちは文化のなかにあるルールに沿った最適な感情表現の方法を身につけている。欧米文化圏の人々は強い感情表現をするのに対し、日本文化では感情表現を制御することが適応的とされている（Matsumoto et al., 1998）。アメリカにいると、知らない人でもふと目が合ったときに瞬間的に口角を上げ、にっこり、あるいはキラリとしたスマイルをみせてくれるが、このようなことは日本では起こらない。むしろ知らない人と目が合ったら目をそらすというのが通常であろう。このように社会・文化のなかには「感情表出ルール（社会的表示規則）」が存在する。表出ルールがあるため、同じ文化内にいる人の表情の読み取りのほうが、より正確に行える。さらには感情表出ルールという意識的操作だけの問題ではなく、感情経験そのものについての理解あるいは感情を感じる場面の文化差もあるという知見もみられる（Mesquita & Leu, 2007）。これは、そもそも感情は、状況や原因の認知評価により生起するものであるという感情の認知的評価理論と関わっている。そして、認知的状況評価には個人差、文化差があるために、感情経験にも文化差が生じるということになる。

覚醒水準と理想感情

ツァイとその研究グループは、幸福の意味と覚醒水準（感情的に活性化する度合い）について検討している（Tsai et al., 2006; 2007）。彼女らによると、ヨーロッパ系アメリカ文化では、覚醒水準の高い快感情（興奮することやウキウキすること）が幸せと強く結びついていて「理想的」であると考えられるのに対して、アジア系アメリカ人や中国などの東洋文化では、穏やかな気持ちやリラックスした気持ちが幸せと強く結びついていて、理想的な感情とされているという。実際、日本では「幸せなときはどんなときですか？」と尋ねると、「お風呂に入ってホッとしているとき」「布団に入って今から眠るというとき」などというように、覚醒水準の低い落ち着いた時間を幸せとする答えが多くみられる。

このような傾向は、小さい頃からの教育なども関連して形成されていることがわかっている。アメリカで人気のある絵本では、登場人物の笑顔が大きく表現されており（笑っている人の表情は口のサイズが大きく示されているなど）、動きも大きく表現され（ジャンプするなど）、覚醒水準の高さが示されていた。これに対し台湾や日本では、笑顔の口のサイズは小さく、にっこりとした微笑として表現される。また、座っていたり眠っていたりなど、動きも静的であることが示された。子どもの笑顔の描き方は、絵本を読むことに影響を受けていることが示唆されており、覚醒水準の高い絵を見て育つ子どもは笑顔の表現が大きくなる（Tsai et al., 2007）。

理想的な感情の覚醒水準の高低は、どのぐらい表情を強くコントロールして興奮や感情の高まりを相手に伝えようとするのかにも影響するであろう。北米では明確に感情を表現することが重要になり、また、相手の感情の読み取り場面においても、コントロールされた感情表現（＝増幅されやすい部分）を重視して情報処理が行われる。それゆえに、相手の「口元」に注目し、大きく笑っているかどうかを確認する、ということが行われると考えられる。しかし日本文化ではむしろ感情を抑制して表出することが重視されるため、相手の感情を読み取る際にも、むしろ「隠しきれない」（＝コントロールの難しい）部分、つまり

「目元」に注目して、「本当に笑っているかどうか」を確かめるような情報処理を行うとされている（Yuki et al., 2007）。

感情はどこからやってくるか

また、それぞれの文化ではどのような場面で感情が発生しやすくなるのかという点についても考えてみる必要がある。私たちの感情を喚起するのは、身のまわりで起こる出来事や人間関係などである。出来事や人間関係のもつ意味そのものは、どの文化においても同じであるとはいえない。それゆえに、感情表現だけではなく、感情経験そのものも文化によって形成されている側面がある。

筆者らが以前に行った研究（Uchida et al., 2009）では、図7－1のように、感情がどこからやってくるのかということを理論化した。アメリカでは感情は外からの刺激を受けて「内側から」湧き上がるものであり、自分自身に注意を向けて生じるという、内的感情モデルがみられる。これに対して日本では、感情はもちろん自分自身の内側が持つ役割が大切ではあるものの、状況や他者など、そのほかの要素も合わさって生じるという意識がある。たとえば「自分の心に問うてみたら、あの人のことを好きだと気がついた」という場合と、「気がついたらあの人のことを好きになってしまっていた」という場合では、少し感情の定義の仕方が違っている。また、そもそも日本では自分の感情に目を向けるという意識は相対的には乏しい。それゆえ、ストレスや抑うつ、怒りなどのネガティブな感情は、その感情が意識される前に「肩

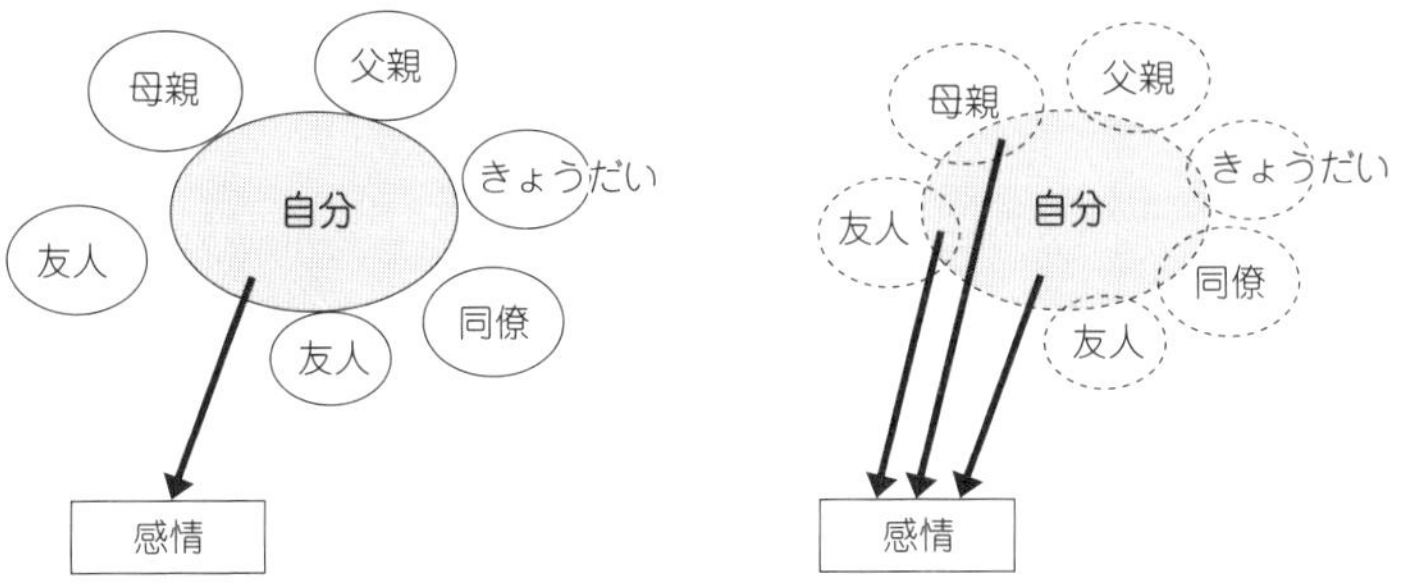

図 7-1　左側はアメリカの感情のイメージ、右側は日本の感情のイメージ。
(Uchida et al., 2009)

が凝った」「体がだるい」などの身体症状として表れやすいことも知られている。

チェントソヴァーダットンら（Chentosova-Dutton & Tsai, 2010）の実験では、ある群の実験参加者たちには「自分について考えて記述する」課題（自分条件）を行ってもらい、また別の群の人たちには「家族について考えて記述する」課題（家族条件）を行ってもらった。その後どちらの人たちにも、面白い内容のビデオを観てもらった。そのビデオを観ている間の表情を分析したところ、ヨーロッパ系アメリカ人の学生では、笑顔などの感情表現は自分条件で家族条件よりもより強くみられた。逆に、アジア系の学生では、家族条件のほうでより感情表現が強かった。このことから、ヨーロッパ系アメリカ人の文化においては、自分自身に焦点が当たっているときに感情的になりやすいのに対して、アジア系の文化においては、他者の存在や、自分と他者との関係に焦点が当たっているときに感情的になりやすいことが示されている。

筆者ら（Uchida et al. 2009）の研究では、どのような場面で感情が表出されやすいかについて、オリンピック選手のスタジオインタビューをもとに分析を行っている。日米での一問一答形式の

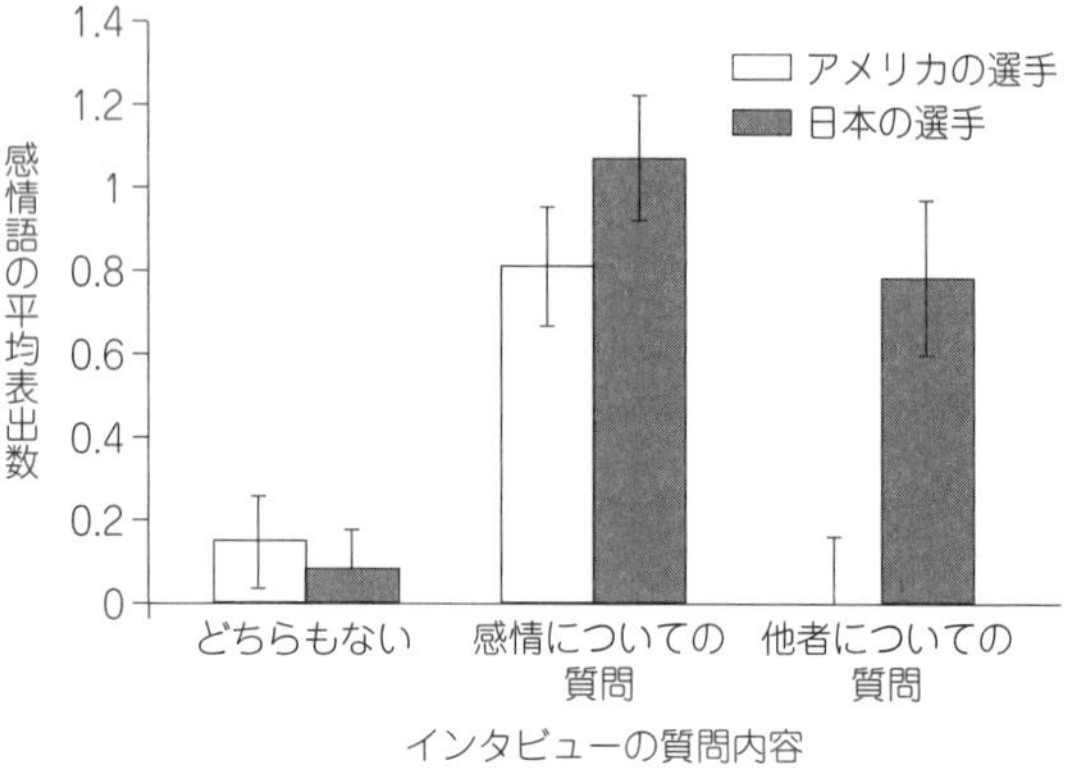

図 7-2　スタジオインタビューで選手の回答に含まれた感情語の数

スタジオインタビューを収集して分析したところ、インタビュアーの質問が感情に関するものであった場合には、アメリカ人選手も日本人選手も同じ程度自分の感情を表現していた。しかしインタビュアーの質問がコーチや家族など「他者」についてのものであった場合には、アメリカ人選手では自分の感情を表す言葉が回答のなかに表現されることはなかった。一方、日本人選手は他者について尋ねられている場合でも、自分の感情について直接質問されたときと同程度に、自分の感情を表す言葉が答えのなかに表現されていた（図7―2）。つまり日本においては、他者の存在を思い出すことが自分の感情を表出する手がかりとなっていた。

対人関与的感情

日米の大学生に、一日の間で最も感情的だった出来事を思い出してその場で感じた感情の強さを報告してもらうと、良い出来事が起こった場合、アメリカ人は「誇り」や「自尊心」をより強く感じ、日本人は「親しみ」をより強く感じているという（Kitayama, Mesquita et al., 2006）。北山らは、誇りや自信など、他者と独立した状態で感じる感情を「対人脱関与的感情」、親しみなど自己が周囲と結びつき何らかの協調性が確立したという認識から生じる感情を「対人関与的感情」とし、これらのいずれがより感じられやすいのかは文化的自己観に対応しているとした。相互独立的自己観が優勢な文化においては、個人の独立と達成を示す「自尊心」や「誇り」などの対人脱関与的感情が重要な感情経験であり、人々はそれらの感情を感じるように状況を認知し、解釈することがあるという。また、相互協調的自己観が優勢な文化においては、相手との関係性が調和した状態であることを示す「親しみ」や「尊敬」などの対人関与的感情が重要な感情経験である。上記の知見を比較文化的に裏づける実証研究が近年いくつか行われてきている。

さらに筆者らの研究では（Uchida, de Almeida, & Ellsworth, under review）、自分の喜びの状況が誰かと共有されたものである場合（チームプレーのスポーツで優勝するなど）と、個人的なものである場合（クラスで一番の成績をとるなど）とで、快感情の経験や表現の強さに違いがみられるかどうかを検討した。すると、アメリカ人学生はこの二つの状況によって感情経験と感情表出に違いがみられないのに対して、日本では状況が誰かと共有されているかどうかは、感情経験や表出に大きな影響を与えており、誰かと共有しているときのほうがそうでないときに比べて感情経験が強く、また表出も大きいことが明らかにされた。このような感情表出のあり方は、それぞれの文化のなかにある「感情」の源泉が、日本では相対的に対人関係志向的であることと関わっていると考えられる。

第八章 個人の幸福と集合的幸福

個人と集合

伝統的な心理学の研究では、主に個人の状態（学歴や年収、健康状態）がどのように個人の幸福に寄与するのかについて検討してきた。一方で、より社会的な要因についてはまだ研究が多く蓄積されてきていない。もちろん先ほども述べたように、個人をとりまく社会的な状態（たとえば政治体制や税制）が個人の幸福にどのように影響するのかについては徐々に知見がまとまりつつある。しかしこうした取り組みも、「個人の幸福」を説明しようとしている点は同じである。一方で、いまだ明らかではないのは地域や組織など集合レベルに存在する何らかの「資本」あるいは「価値」が、個人の幸福のみならず、全体の幸福をどのように予測するのかという問いへの回答である。

個人の幸福は、集団や社会が守るべき重要な要素である。かつて社会が近代化を迎える前は、個人の幸福は集団の幸福の前に犠牲になることが多かった（残念なことに現代社会においても、たとえば、会社の売り上げのために個人の健康が害されるというようなことが存在している）。しかし一人ひとりの権利を尊重する考えが主流になるにつれ、個人には幸福追求権が備わっており、それを疎外することができないという考え方が広がってきた。これは社会が獲得してきた非常に重要な視点である。個人が幸福になることを推奨し、その権利を認めることの重要性は疑う余地がない。

そうして、個人の権利と自由を重視し、制度的な制約を緩くしておくような社会モデルが採用されるようにもなってきた。その極端ともいえる例が市場原理主義である。市場全体が枯渇しないレベルにおいてそれぞれの主体が自己の利益を拡大させることを認め、そのなかで競争させる。

しかし、果たして市場全体が「枯渇しない」という前提はうまく守られるのであろうか。労働市場を例にとってみると、この前提は必ずしも成り立たないことがわかる。たとえば製品の売り上げを他社と競っている会社は、自社製品の売り上げを伸ばすために、なるべく原価（コスト）を下げ、利益となる部分を多くしようとするだろう。そうしなければ競合他社に勝つことは難しくなる。そのため、人件費の安い海外で生産を行うことになる。その結果、多くの地方都市において第二次産業による雇用の機会が急速に失われてしまい、生産年齢人口の流出と所得の低下による衰退を招く一因となってしまった。あるいは正規雇用よりも派遣職員や短期労働者を増やし、必要なときには人件費を投入し、不要なときにはコストカットする方策がとられるようになった。それにより、労働者の財布に入る資金は減少し、結果として購買行動が促進されない。そのことが自社製品の売り上げそのものに響く。製品をさらに安くするために人件費をより多くカットする……という悪循環が生まれる。

人間の社会のなかではしばしばこうしたジレンマが生じてしまう。いわゆる「共有地の悲劇」である。共有地の悲劇とは、コモンズの悲劇とも呼ばれる有名な現象である（Hardin, 1968）。複数人が共有する牧草地に、それぞれの牛飼いが牛を放つ。牛飼いたちは自分の所有する牛をより肥えさせるために、しっかりと他の牛よりも草をたくさん食べさせようとする。また、利益をあげるために、多くの牛を共有牧場に投入する。自前の牧場であれば草を食べ尽くしてしまうことが長期的に不利になるが、共有地であれば他の牛飼いよりも多く草を共有地から得るほうが「得である」という感覚が生じる。その結果として共有地には草がなくなってしまい、結果としていずれの牛もやせてしまうという「共貧状態」に陥るというのだ。

こうした悲劇を防ぐために、経済においてはある一定の制度（独占して管理させる制度や禁漁制度などがこれにあたる）での保護措置がうたれる。それでは心の状態はどうなのだろう？

個人の幸福は、ある意味「心の持ち方」であって、有限な資源を奪い合うことではない、つまり百人いれば百人全員が一ポイントずつ幸福度を上昇させることも可能であるという考え方がある。こうした考え方に基づけば、個人の幸福追求モデルにはなんら問題はないし、共有地の悲劇は起こりえない。あるいは、ある人の幸福が他者の幸福を搾取することで実現されることは起こらないとすれば、やはり個人の幸福追求をただ自由に尊重し、見守ること（制度や政策は不要）ができれば十分ということになる。

しかし実際はどうだろう。個人の幸福を支えるのは単なる「心の持ち方」だけではないことがわかっている。収入も大事であり、社会のなかで人から「評価される」といったことも、また、自分が愛することができる人と家族になることも大事だろう。幸福をもたらす健康にしても、医療費が十分にあることや余暇を設けてしっかり睡眠できることと関係しているし、他者からストレスをかけられないことが大事である。要は「心の持ち方」だけではなかなかうまくいかず、いろいろな社会の相互作用のなかで、幸福は実現されている。人と比べて幸福が感じられる、あるいはその逆もあるし（人並みであることが重要であることなどもそうである）、誰かの幸福を搾取したり、共有地の悲劇が起こったりすることもあり得るのだ。

この視点に立てば、これまでの「個人の幸福モデル」（一人ひとりの幸福の実現を目指す社会）だけではなく、共有地の悲劇を起こさないような、集合での持続可能な幸福モデルを考えることも必要だということになる。つまり、組織や地域全体における「個人の幸福」と「集合的幸福」の良きバランスを考えることが重要になる。

私たちは社会を形成して日々相互作用しながら暮らしている。国という単位に属し、地域や学校、職場に属し、友人、家族などの小集団に属している。マクロな集団に属している以上、各個人が幸福を追求するときに起こる衝突や葛藤は避けられない。たとえば自由に暮らしたいという人がゴミを適当に出し続ければ、それは隣人の「不幸せ」につながってしまう。

実際には衝突を避けるために、私たちは制度や法律だけではなく「インフォーマルなルール」を作成し、互いの幸福を担保しようとしている。持ちつ持たれつの互恵的協力関係などが典型例である。あるいは、居住地・職場において「より良い環境」を構築するために、一定程度のコストを払うこともある。私たちが共有する環境のなかにある「幸福の源」は見逃すことができないし、自分だけではなく周囲の他者の幸福も、とても重要な要素になってくる。自分がいくらお金を持っていて仕事がうまくいっていても、オフィスで隣にいる人がみんな不機嫌そうなら働くことは徐々におもしろくなくなっていくかもしれない（周囲の不幸が大好きなタイプの人は別として）。

つまり、個人レベルの幸福を束ねた指標だけではなく、マクロプロセスの要因を考慮し、それぞれのバランスを視野に入れるような指標を作成していくことが重要ではないかと考えており、筆者らの研究チームは現在これを目指す取り組みを行おうとしている。

地域の幸福

ではこの場合の「集団」や「集合」にはどのレベルがあり得るだろうか。国際比較研究は、「国」という単位で共有されている文化をターゲットに研究するものである。たとえば日米比較を行ってそこで一定の差異が得られれば、「日本では〇〇、アメリカでは××」という結論を導くだろう。それが日本では京都で、アメリカではカリフォルニアで行われた研究であったとしても、「京都では〇〇、カリフォルニアでは××」とはならない。もちろんそのように解釈してもよいのだが、基本的に国際比較をする際には、国単位での文化を取り扱っているという前提がある。

しかしもちろんこれで文化と心の相互構成プロセスが描き出せるとは限らない。国単位だけに「文化」が存在しているわけではないからだ。そこで筆者が近年取り組んでいるのは、「多層的な文化」を紐解くことと、文化がより色濃く共有される「共同体」の単位を解析する取り組みである。

私たちが暮らす「共同体」には、家族のような身近な範囲のものから、国のようなより大きなまとまりまで、大小さまざまに存在する。そして私たちは多層な共同体に所属し、多層な文化の影響を受けている。

国を第一層のまとまりとするならば、第二層目は都道府県、第三層目は市町村、というように入れ子構造のまとまりを紐解いてみることが可能である。国の比較をするときには、「第一層」としての国レベルの文化（たとえば日本文化、アメリカ文化）の要因を知ることができる。一方で「地域」「組織」「家族」などの単位を知りたいのであれば、そのまとまりでの比較調査が必要になってくる。もちろんそこで扱われる単位はそこで暮らす人々にとっても「意味のある」単位である必要がある。よくある都道府県別の比較に筆者が若干の違和感を覚えるのは、果たして人々が文化を「共有」する単位として、都道府県が本当に適切なのかどうかに疑問をもつことがあるからである。都道府県は重要な行政単位ではあるものの、それほど都道府県別での法律や制度の違いは大きくない。もちろん都道府県が一定の文化圏を形成していることもあるだろう。しかし「京都では三代続けて住んでいなければよそ者だ」というときの「京都」は、京都府全体という実感ではなく、京都市内の、それもごく一部の町中の地域である場合が多いし、気候区分や生業体系も京都府の北部と南部ではずいぶん違っているなど、地域差というのはむしろ都道府県ではなくもっと別の単位で発生していると思える。

そこで現在われわれの研究では「集落」など、もう少しローカルなルール（法律などでは整備されていないような「空気」も含めて）が共有されている小さな地域単位（町あるいは小学校区ぐらいの単位ともいえる）について分析を行っている。このプロジェクトは筆者を研究代表者として、平成27年度から令和1年度まで、国立研究開発法人科学技術振興機構（ＪＳＴ）社会技術研究開発センター（ＲＩＳＴＥＸ）が実施する「持続可能な多世代共創社会のデザイン」研究開発領域のプロジェクトとして推進した「地域の幸福の多面的測定」についての研究計画であった。そこで筆者らのチームは地域の幸福の状態のモデルを提案し

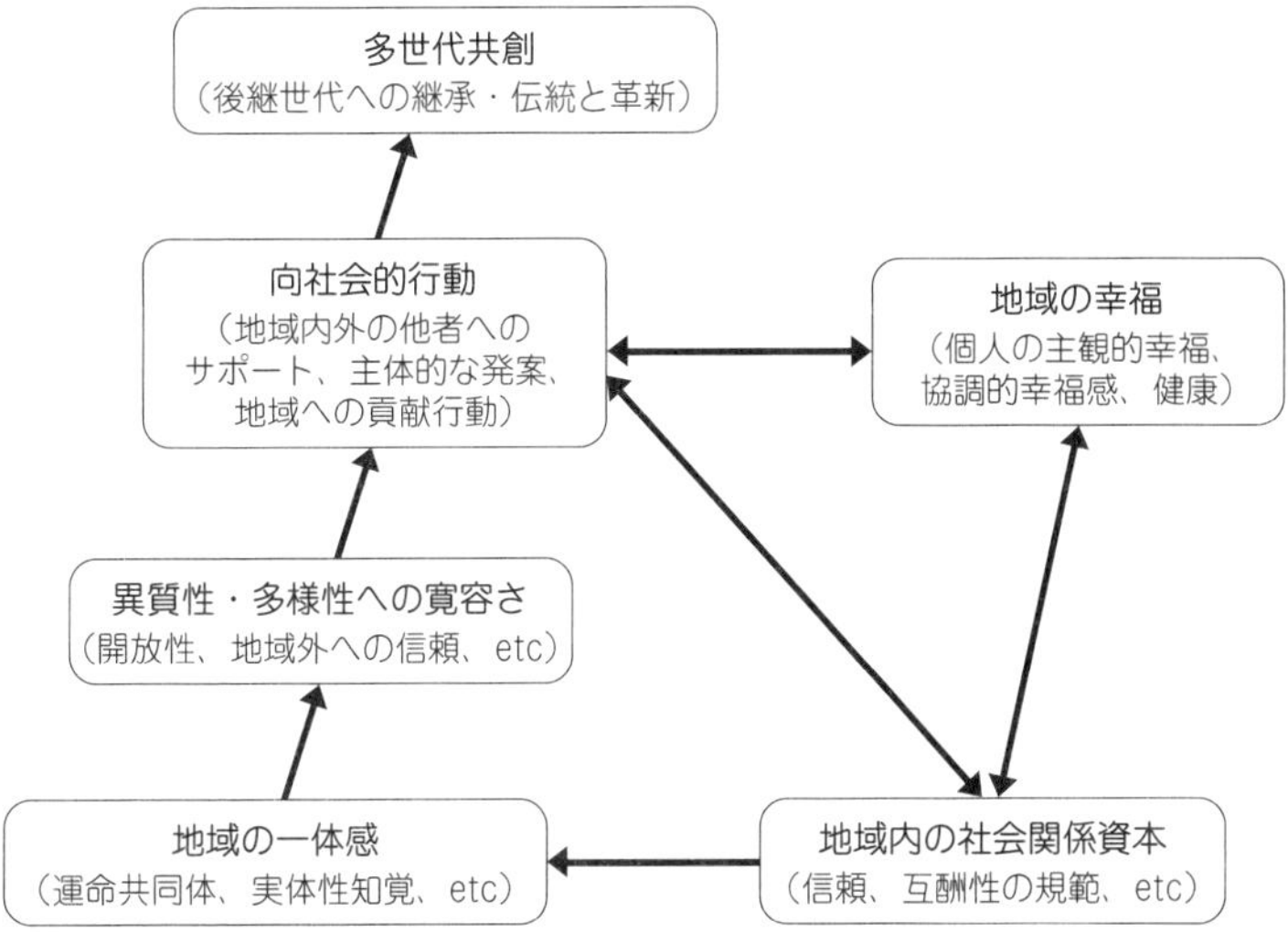

図 8-1　地域の幸福に関する状況を測定するモデル

（図８−１）、地域内でそれぞれの状態を測定する指標を開発した。プロジェクトでは、地域の幸福を多面的に測定し、その結果を地域社会にフィードバックすることで、地域の強みを検討する機会を提供することを試みている。とくに、これまでのように「県」や「市」というような大きな枠組みではなく、より生活上での人々の交流や価値の共有が頻繁に行われている単位である「集落」や「町」というレベルでの分析を行ってきた。そうすることで、より地域住民の意識に根づいた幸福のあり方を模索することができると考えてきた。地域の中で感じられる幸福感は、地域内の他者との信頼関係（社会関係資本）ならびに地域のための行動と互いに支え合う関係になっているのではないか。地域内の信頼関係は、地域を排他的にするのではなく、むしろ地域外からやってくる人への寛容さや、地域の持続可能性につながっているのではないか。これらの状態を測定する調査項目として二〇（簡易版）および三四（通常版）の質問項目を用意し、地域内でのアンケート調査を実施し、地域状態を理解していただく資料としてフィードバックしている。

実際に、集落レベルの地域には地域固有の問題が広がっている。現在の日本の地域の多くが、人口減少の問題からくる「持続可能性」について意識している。しかしその意識は自治体にはあったとしても、一般の住民の多くにはあまり共有されていないところもある。村は守りたいけれど、自分の子どもが働くところはないから外に出してしまうしかないという諦念や、先のことを考えても仕方がないだろうという風潮も感じられる。こうした問題について、今が良ければそれでいいというように現在の幸福だけを考えるのでは、うまくいかないことも多く、より多面的に地域の幸せのあり方を測定する必要が出てくる。それは他地域からの移住の受け入れをどのように考えるか、地域の持続可能性のためにどのようなことをしていきたいか、地域固有の伝統や自然を守る気持ちなどである。

これまでの調査の結果を概観すると、地域内のつながりは住人の幸福度を上げている傾向がある。また、つながりは地域内部だけではなく、外の人とも広がっているほうがより良いようである。分析の結果、地域の幸福には社会関係資本（信頼関係）や地域内でのサポートのやり取りなどが重要な要素となっていることなどが見いだされた。また、「閉鎖的」と思われがちな日本の地域内のつながりは、意外にも逆に「開放性」につながっていた。地域内信頼関係があれば、移住者についても受け入れる気持ちが強く、世代が異なる人など、多様な人の意見を聴こうとする雰囲気が醸成されていることなどがわかったのである。

このようなことから、地域内の「つながり」や「共有されている価値」を維持することに貢献するような活動（お祭りなど）や、地域間を橋渡しする制度設計（プロのコーディネート機能の活用）、そして地域外からの評価によって、自分たちが生きる社会・自然・文化的環境を再評価し、誇りをもてるような指針をつくることが重要なのではないかと考えている。こうした活動とその成果について、これまできちんと指標を用いて量的に検証してきた取り組みは少ない。地域での取り組みはより単発的なことを繰り返し行うことになってしまい、持続的な対策がとられないという現状があるが、幸福についての主観・客観さらには個人・社会を包含した実証的な総合指標による検証をもって、前に進めていく必要があるだろう。

ソーシャル・キャピタル（社会関係資本）

国よりも小さな単位の共同体を扱って幸福感についての検討を行う際に、大きく関わってくるのが「ソーシャル・キャピタル」である。

ソーシャル・キャピタルは、平たく言えば個人あるいは社会のなかで醸成される「つながりの力」である。頼ることができる親しい人が近所にいる。あるいは滅多には会えないが、遠方に情報交換をできる友人がいる。これらはいずれも「つながりの力」である。

この分野の第一人者であるロバート・パットナムによると、ソーシャル・キャピタルは「個人間のつながり、すなわち社会的なネットワークおよびそこから生じる互酬性と信頼性の規範」として定義されている（Putnam, 2000／柴内訳、二〇〇六）。物的資本や人的資本と同様に、個人と集団の生産性あるいは犯罪率の低下に影響するという理由から、ソーシャル・キャピタルは一躍注目を集めるようになった。力を合わせることで課題を解決することや、集まって話をすることでストレスを解消すること、不審な人物がいれば知らせあうようなしくみによって犯罪を減らすことなど、その効果にはさまざまなポテンシャルがあるとされている。そして、ソーシャル・キャピタルが高い人ほど、それが高い地域に住んでいる人ほど、幸福感が高いこともさまざまな研究により示されている（内田ら、二〇一一など）。また、ソーシャル・キャピタルはいったんできあがって外在化されれば住民はその恩恵を受けることができるというように、「マクロ（場）の要因」としても機能する。

筆者はいわゆる「つながり」を「キャピタル＝資本」として捉えようという発想に完全に賛成しているわけではない。なぜならばつながりの客観化は困難であるし、物的資本のように売り買いできるものではないからだ。また、ソーシャル・キャピタルは資本ではあるものの、金銭的投資がいらない（つながりは無料）という考えもあるが、これにも疑問を感じている。つながりがうまく機能するためにはそれなりの構造や制度的投資が必要だからである。

社会心理学の古い実験にスタンレー・ミルグラムが一九六〇年代後半に実施した、手紙リレーによるスモールワールド実験というものがある（Milgram, 1967）。アメリカ中西部ネブラスカの住人たちは「東海岸のボストンに住む見ず知らずのターゲット（氏名・職業・働いている場所、出身大学などの情報は有り）」へと手紙を届けるように依頼された。その際相手のことをよく知っていそうな（地理的あるいは職業的に近そうな）直接の知り合い（ファーストネームで呼びあえる間柄以上の人）を仲介して手紙をリレーしていくよう指示された。結果としては一六〇通の手紙のうち届いたのは四二通で、平均六人でやりとりされていた。たったの五、六人で知らない人とつながることができてしまう……つまり、世界の多くの人たちは、あなたの「友達の友達の友達の友達の友達の友達」ということになる。それほどまでに世間は狭い――スモールワールドである、ということで有名になった研究である。今ではSNSなどを介してより多くの人と短時間につながることができるようになった。計算上は、もし一人の人が一〇〇人の知り合いがいるとすれば、五人目で一〇〇億人の世界中の人につながることができるということになる。実際にはさまざまなエラーが存在することを考慮しても中西部から東海岸までどころではなく、世界中が六人あるいは七人ぐらいの「友達の友達……」を介してつながってしまうということである。

「友達の友達」ネットワークには「弱い紐帯」が影響しているという議論が存在する。社会学者のマーク・グラノヴェッターによると、考えや価値観を共有し、しょっちゅう会うような関係（「強い紐帯」）のなかでは、類似した意見交換がなされがちである。これに対してあまり普段はつきあいがないけれども「知り合い」レベルの関係（「弱い紐帯」）にいる他者は、自分の普段のネットワーク外の人とつながっており、こうしたところから思いもよらない新たな人とのつながりや、それを介した情報が舞い込んでくることがあることを指摘している。ちなみにつながりのネットワーク議論については、増田直紀氏の『私たちはどうつながっているのか』（二〇〇七）にわかりやすい解説があるので、是非ご一読いただきたい。

さてつながりは、何をもたらしてくれるのか。一つは上に書いたように「情報」である。実は他者からの「助け」であるソーシャル・サポートには大きく分けて「情報的サポート」「情緒的サポート」「道具的サポート」が存在していることが指摘されている。世の中では真偽はともかくとしてあっという間に噂が広まったり、生きていくために必要な情報を得ることがある。情報的サポートを提供してくれるのはまさにつながりである。また、情報的サポート以外のものも、つながりにより提供されることがあるだろう。

物が手に入ることもあれば、他者から慰めや励ましを受け取ることがある。労働力を提供してもらえることもあるだろう。ネットワークのなかにいることによって、いろいろな恩恵を受けることがある。

とすると、つながりが多いほうが幸せということになるだろうか。この点について筆者らは検討を行ったことがある。結果としては、友人関係や家族・親戚関係など、しょっちゅう顔を合わせる「強い紐帯」については、その関係性の「質」（具体的には居心地の良さ）が大事であることが見いだされた。また、より広い範囲の弱い紐帯にまで拡大した際には、つながりの多さも質も両方が大事になるが、そこには実は個人差も見いだされた。広くいろいろな人とつきあうことを重視しているタイプの人たちにはつながりの量が、より親しい他者とのつきあいに時間を使いたいタイプの人にはつながりの質が、より重要であったのである。

また、つながりの効果は、「個人レベル」（自分がどのようなつながりをもっているのか）だけではなく、「集合レベル」にも存在する。自分はたった二、三人としかつながりがなくとも、その二、三人が多くの他者とつながっているなど、周囲の人のネットワークが多ければ、十分に情報やサポートを得られることがある。近年のイチロー・カワチらの研究グループによると、高齢者が「つながりがうまく機能している」地域に住むことによって、自分自身がとくにたくさんのつながりをもっていなくても、健康度が上がることが示されている（Kawachi & Berkman, 2000; Kobayashi et al., 2015）。つまりつながりは個人ごとの違いがありながらも、ネットワーク全体として俯瞰してみれば、マクロ現象として捉えることができる。これがつながりの議論の魅力でもある。

ソーシャル・キャピタルについては、「つながりはどこにでもある。それが資本になるなら、簡単だ」

という意見もあれば、「つながりこそが失われているものである。どのようにすればよいのか」という意見も出てくる。前者はご近所づきあいがさかんだったり、お互い顔見知りの人が多い小さな集落。後者は都市部など人口流動が激しい地域で出てくる意見である。前者はソーシャル・キャピタルが豊かに思える。しかし、ソーシャル・キャピタルには同じグループ内で発生する「結束型」と、遠くにいる他者とのつながりや、隣町とのつながりなどの「橋渡し型」の双方があることが知られており、集団内のソーシャル・キャピタルは結束型である。結束型のソーシャル・キャピタルは安心感や互助の風土につながるものである。しかし時に「縛り」として働き、新しい意見が生まれる風土を低下させることもある。岡は『生き心地の良い町』(二〇一三)のなかで、弱い紐帯のポジティブな効果と、強い紐帯がもたらすネガティブな効果を描き出している。また、結束型のソーシャル・キャピタルにおいては不利にみえる都市部においても、橋渡し型のネットワークが培われる土壌もある。

ただ、いずれの地域でもソーシャル・キャピタルを幸福につなげる真の「資本」として活かすことは実は簡単ではないのだ。そのためには「つなぎ手」が必要になってくる。

つながりを活かす

われわれは、人と人とのつながりが形成される過程と、つながりのなかでもたらされる社会的サポートの効果を知るべく、農村コミュニティにおける社会的ネットワークの構築における「プロ」として普及指導員の役割に注目して研究を進めてきた。この研究は、近畿農政局からもちかけられた「普及指導員が行っている、農業コミュニティでの人をつなぐ仕事について検討してもらうことは可能か」という問いに対して、農業社会という日本のコミュニティの原点について検討すべく、調査を始めることになったものである。結論としては、ソーシャル・キャピタルを形成することは農業コミュニティの幸福につながっていること、そしてそれは内部住民任せの自発的な部分だけではなく、普及指導員による外部からの働きかけによって支えることができるということが示された。

普及指導員とは農業者や農業コミュニティを対象に、技術指導あるいは経営指導などを行う都道府県の職員である。農家を回って困りごとの相談に乗り、行政との仲介役をするなど、幅広い範囲の活動を実施している。二〇一〇年度に、全国農業改良普及職員協議会の協力を得て、全国の普及指導員を対象とした調査を実施した。

詳しくは拙著『農をつなぐ仕事』（内田・竹村、二〇一二）をご覧いただきたいのであるが、農業者同士の連携（集落営農指導や灌漑用水路整備に伴う問題の解消）ならびに関係機関との連携（農地を荒らす動物への対策）を促すような普及活動がとくに農地の問題解決に効果をもちやすかった。これらは農村社会の社会関係資本に関わる普及活動だと考えられる。

普及指導員の仕事は、実際には生産技術の問題解決や、地域の担い手の育成（たとえば新規就農者のサポート）、地域生産物の流通ブランド化、獣害対策など、かなり多岐にわたる。普及指導の極意は「技術力とコーディネート力」とされるように、生産技術に関連する活動と地域のつながりに関連する活動が多くみられる。このなかでもとくに、「農業者同士、あるいは農業者と生産者、農業者と非農業者」というさまざまな人々の信頼関係を醸成し、ソーシャル・キャピタルを上昇させるような普及活動が、地域の生活レベルの向上をもたらしていたということになる。

さらにわれわれは、どういった特徴をもつ普及指導員が、コミュニティ内部の信頼関係（ソーシャル・キャピタルの一種）を高めやすいかを検討した。その結果、関係機関との連携活動に優れた普及指導員やコミュニケーション能力に秀でた普及指導員が、住民同士の信頼関係を高めやすいことが示された。また、普及指導員個人の特性だけでなく、普及指導員を取り囲む社会関係も重要な影響力をもち、普及指導員とコミュニティの結びつき、そして、普及指導員の職場の人間関係の良さも、コミュニティ内部の信頼関係を高める効果をもつことが示された。このことは、普及指導員を囲む「つながり」が、普及活動の対象地域の「つながり」へと連鎖することを示唆している。

一方で普及指導員の大きな仕事は技術指導である。指導による改善の効果がたとえ小さくとも、無視するわけにはいかない。確かな技術力をもった専門家であるということに対する農業者からの信頼こそが、つながりをもたらす普及活動を効果的たらしめるものであるとわれわれは考えている。単に「農業コミュニティのつながりを形成します」と言って現れる外部者をいきなり信頼する人はいないだろう。

ここで明らかになるのは、信頼の形成は実は信頼によって支えられ、この連鎖がなければ物事を起こすことは難しいということである。可視化しにくい活動が地域の幸福を支えうるのだということは実は新しく重要な知見でもある。この研究はその後水産業の普及指導の研究（水産業の普及指導においても、農業コミュニティ同様の効果が得られている）、そして農業コミュニティと漁業コミュニティ住民への大規模調査へと発展したが、一貫した結果が示された。

普及指導員の事例は、農業コミュニティにおける「つながりの作り手」（＝コーディネーター）の重要性を示したものであるが、「つなぎ手」の存在は実はさまざまなところで必要とされるものなのではないだろうか。学校や医療現場など、多角的なアプローチで一つの事象に取り組まねばならない現場においては、それぞれの専門家の意見をうまくつないでいく力が必要とされるだろう。つながりは放っておいてできるものでもなければ、放っておいてうまく活かされるものでもない。ある地域で幸福度の調査結果を分析した際に、地域のつながりは高いにもかかわらず、それが幸福感と相関関係にない、つまりつながりが幸福を高める形では活かされていない事象に遭遇したことがある。つながりを重要な資源として捉え直し、そこにある程度のプロの手を投資していく仕組みづくりを進めることにおいて、つながりを「資本」とする考え方は実は応用的な観点において、重要な機能を果たしている。

今後、地域における指標を暮らしづくりに活かすことに向けてどのような取り組みが必要になってくるか。地域のなかの「つながり」をどのように枠組みとして整えるのか、ということが大切であろう。つながりをうまく機能するかたちで構築し、地域社会の重要な資源として活かしていくためには、行政や住民の自治組織における意識的な活動や支援が必要とされるだろう。弱い紐帯をうまく結びつけ、ネットワークのハブになれる人はそう多くない。対立するAグループとBグループの双方に中立的に関わる場面などを想像してもらえるとよいだろう。人口減少が進む地域や、コミュニケーションが断絶した都市部などでは、こうした「つなぐ人」の役割を制度化することもまた大切なのであろう。

筆者らは研究開発の一環として、岩手県滝沢市ならびに京丹後市大宮南地域里力再生協議会との包括連携協定を結び、地域の幸福についてのさまざまな検討を行ってきた。岩手県滝沢市は市の総合計画として「幸福感を育む環境づくり」が策定され、人とのつながりを通じた市民の「こころの豊かさ」が育まれ、市の発展につながるという仮説を立てて市政を運営している。また、京丹後市大宮南地域里力再生協議会では、人とのつながりと地域への愛着や楽しみを重視した住民活動を積極的に展開している。行政・自治体と学術という領域を超えた連携により、さまざまなことが見えてきた。われわれが実施した大宮町や滝沢市内のいくつかの地区でのデータ収集の結果からは、地域の中で発生する行事や自治会活動などの集合活動がもたらす地域住民の幸福感は、地域のプロフィール（伝統的な地域かどうかなど）によっても異なることなどが見えてきた。たとえば伝統的地域では古くからのグループとそれ以外のグループとの分断が進み、新規者が入りづらいのが課題であるのに対し、新しい地域ではこれまでの地域活動の蓄積がない状態なのが課題であるなど、それぞれの集落・地域の特徴により、必要とされる状態は異なっていた。

学術的な調査を通して地域の「目に見えない部分での」現状をフィードバックすることは、地域に対する新たな視点を提供するという意味において、有効に機能していた。客観的な指標から地域の現状や歴史的特徴を踏まえて議論の題材とすることは、理念先行になりがちな地域づくりにおいても意義深いものであろう。地域という場がもつ多様な幸福感の土壌のうちのいずれが、そこに暮らす個人にどのように影響を与えるのか、また、個人は地域にどのように貢献するのか、こうした観点から地域のあり方を捉え直すことにもつながっていくことを目指している。

第九章 文化の変化と幸福のゆくえ

個人主義化

近年の日本ではグローバリゼーションによりさまざまな西洋流の個人主義化が生じている。グローバリゼーションは本来、ローカルな垣根が低くなり、世界のあちこちから影響を与えあうようなシステムとされているが、現在生じているグローバリゼーションは西洋あるいはアメリカから発信された自由主義経済システムを取り入れる「西洋化」あるいは「アメリカ化」であるといわれている（Yang et al., 2011）。グローバリゼーションは、とくに「幅広いネットワークの形成と機会の拡大」として定義され、それに伴う選択の増加、消費経済におけるグローバル・マーケットバリューの創出、雇用と移動の流動性の増加、世界規模での競争の激化として特徴づけられる（Pilkington & Johnson, 2003）。

経済発展が生じた一九五〇年から二〇〇八年まで日本社会の変遷を分析した研究（Hamamura, 2012）によると、世帯人数の減少や都市部居住の増加、離婚率の上昇などにおいて個人主義化が進んできた。

協調的な幸福の地位はいまや脅かされ、今更「他者と分かち合う穏やかな幸せ」と言われても困るという人もいるだろう。また、個人としては穏やかな幸せを求めているにもかかわらず、「社会がそうさせてくれない」という考え方もあるだろう。個人としては出世競争などに関心がないとしても、企業のなかで成果主義や競争性が強まり、その結果として給与や昇進が決まっていくとなれば、それが価値観として定着していく。そのため、競争的現実から完全に距離を置くことは難しい。こうして日本においては現在、「個の独立」と「他者との協調」という二つの自己のあり方が存在し、この二つが過度に対立してしまう場面がある。今日の日本社会における幸福を考えるうえでは、協調性という日本社会に存在するモデルの根源的な要素と機能を示したうえで、個の独立の適正なあり方を模索する必要がある。

グローバリゼーションや市場原理主義は、日本における「関係志向性」から「個人主義」への価値転換を迫ってきた。「切っても切れない」関係をベースに組織や集団をつくってきた人々がいざ「個人主義」を実行するためには、北米のように個人主義が根づいている文化とは異なり、関係を否定する「孤立主義」に陥ってしまうことが指摘されている（北山、二〇一三）。

筆者らの、日米での大学生ならびに社会人を対象にした調査では（Ogihara & Uchida, 2014）、日本では個人主義傾向を重視している人ほど幸福感が低い傾向がみられた。またその効果は親しい友人の数により媒介されていることが示された。つまり、個人達成志向が強ければ強いほど、他者との結びつきが得られにくくなり、そのことが幸福を低下させる一因となっていることが考えられる。一方でこのような効果は、アメリカではみられなかった。

また、アメリカ型の資本主義が方向転換を迫られる現状に付随して、個人単位での自由競争を推奨する新自由主義思想や個人主義的価値観が日本にもたらす影響について、負の側面が指摘されることがある。中谷（二〇〇八）は、新自由主義的価値観により日本社会から安心や人と人との信頼関係の基盤が失われたのではないかと反省的に記している。実際、競争が高まり、格差が広がり、後述するニートやひきこもりの問題が生じるようになった。過度な自由と選択肢の増大がかえって孤独や自己喪失をもたらすことは、個人主義の本場アメリカでさえ検証されはじめているが、集団主義的な文化では個人主義が幸福感にもたらすネガティブな効果はより強いであろう（Fischer & Boer, 2011）。

独立性と協調性の二階建てモデル

日本の心のあり方は今、二階建ての家のようになっているのではないだろうか。一階が協調性なら、二階は独立性である（図9－1）。先ほど述べた協調性が長く根づいてきた一階の基礎部分だとすれば、平屋建てだった日本の心のあり方に、グローバリゼーションと市場原理主義で十分に高まった「個人の自由」を重んじる価値体系が入ってきて、二階部分が増設された。

公平で自由な競争、あるいはグローバルな価値に対応しているのが独立性で、「個人の自由」と「ユニークさ」を支えている。しかし日本における独立性は「後づけ的」な二階部分であり土台化はされていない。個人の自由も独自性の希求も、いずれも確固たる「個」の意識についての本質的な理解が伴わなけ

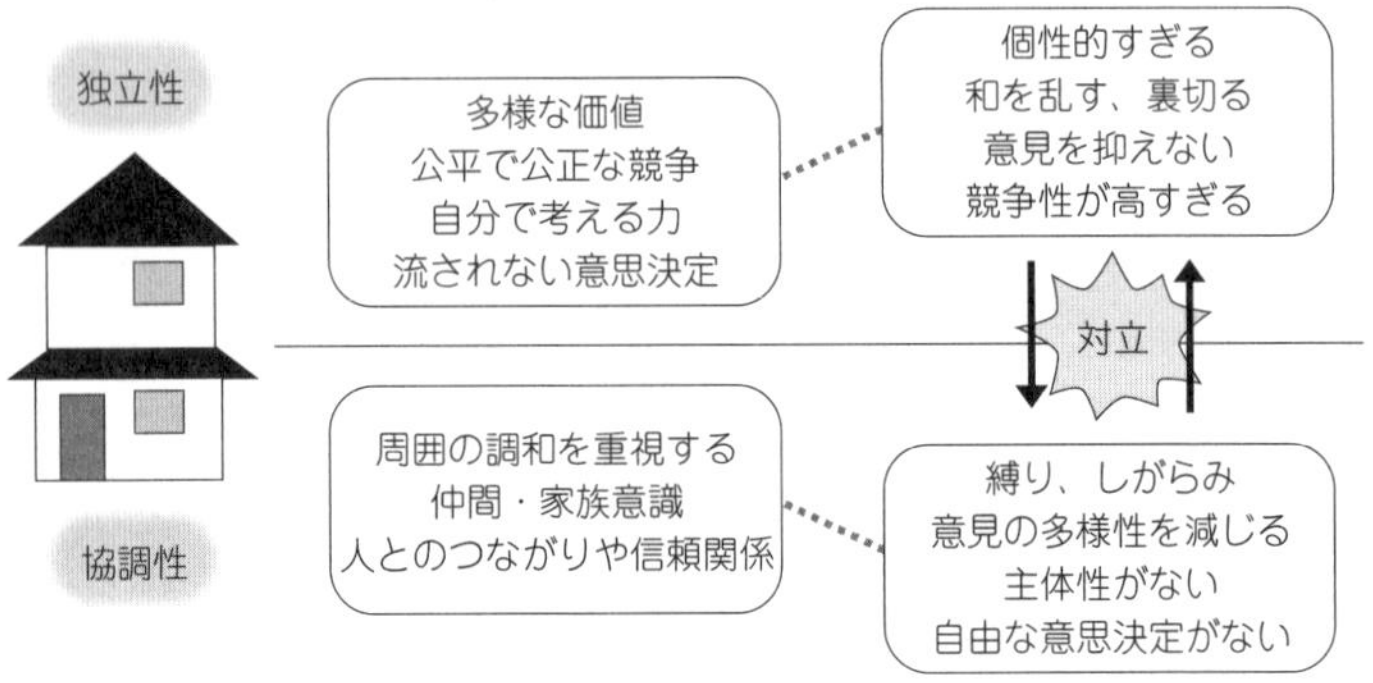

図 9-1　現代日本の自己における独立性と協調性の二階建てモデル

れば難しい。西洋、ことに北米社会においては、個の意識の獲得は、その宗教観や西洋哲学の思想などの長い歴史を通じて蓄積されてきたが、こうした「個」のあり方の一部分だけを取り入れようとしたときには、どうしてもひずみが出てしまう。

日本の企業においては一階部分にあたる社内の調和は保守的で面倒な古い習慣として排除されるようになった。しかし本質的に協調性は独立性を阻むものなのかどうかは再検討も必要である。これらは二律背反の価値と考えられがちであるが、実はそれぞれ別個の概念であり、両立可能性もある。また、日本では逆に協調的な関係の弱体化が、二階部分の独立性の障壁となっているとも思える。われわれが地域の調査で実施した結果をみると、地域内での信頼関係が高い町のほうが、新しい人たちを受け入れようとする態度など、より「開かれた」意識をもつ地域となっていた。一見すると町のなかでの信頼関係は「町の人しか信じない」という排他性をもたらすと考えられがちであるが、他者との信頼関係があればこそ、現状への対策を考え、新たな空気を持ち込んでくれる移住者に対してオープンになっていた。また、信頼関係があれば、誤解を恐れずに互いを公平に評価できるようになるかもしれない。つまり一階部分の協調性を、保守的で階層的なものではなく、互いの信頼関係を構築し、維持するためのシステムとして活用すれば、二階部分の独立性とは両立する可能性がある。

組織文化

グローバリゼーションや資本主義経済により日本文化のなかにありながら欧米的な価値観や制度を取り入れているような企業と、いわゆる日本的関係性を重視する企業では、働き方ややりがいなどの方向性も異なっているかもしれない。また、日本企業ではチームでの「集合活動」が多く、同じスペースを共有し互いの進捗や状態を確かめながら情報交換をする。そのような場にいることが個人の協調性をより強める可能性がある。日本企業においては、「島」あるいは「ライン」と呼ばれる単位での共同作業をする。互いにデスクは向かい合わせの状態にし、直属の上司が部下を見渡すことができるようなオフィスのレイアウトはよくみられる光景である。かつての日本企業には習慣化されていた飲み会や社員旅行、運動会、朝会などの行事も共同作業的なものである。

組織における「つながり」は孤独感を減少させ、従業員の幸福感を向上させる役割がある。組織風土（理念）の共有や、企業と地域との連携も従業員のメンタルヘルスに良い効果を与えていると考えられる。一方、協調性の強さはしがらみや長時間労働の温床ともなってしまう。そこで近年では「働き方」についての見直しが必要であるという議論が多くなされるようになってきた。日本企業においては従来、長くオフィスにいて仕事をしていることが評価されたり、上司よりも先に帰ってはいけないという風潮が続いていたが、経済を上昇させ、逆に労働価値を下げていくことは、果たして本当の幸福につながるのかどうか。人の幸福について考えることは、慣例化されてきた生活について見直すことにもつながっている。

また、グローバリゼーションに伴う制度的・経済的環境の変化のなかで雇用情勢は変化し、企業のなかではまさに「グローバル・スタンダード」としての成果主義などが導入されるようになった。長期雇用志向から短期雇用志向、協調志向から競争志向へと変化している。非正規雇用やフリーターは、現在でこそ「問題」として取り上げられることも多くなったが、九〇年代後半〜二〇〇〇年代初頭には、むしろ新しい働き方として評価されることすらあった。これはグローバリゼーションによる流動的な労働市場の導入と連動しており、新自由主義の市場経済のなかで、人々は個人のもつ価値を資源とし、資源をより利益の高い機会に投じるべく、流動的な働き方にメリットを見いだしたことと無関係ではないだろう。

一方でこうした動きによって、価値観の揺らぎや従来の関係志向性との相克を経験する人もいる。公正な成果評価の担保の困難さゆえ、成果主義の導入がかえって個々の働き手のモティベーションを下げうること（城、二〇〇四）などが指摘されている。

通常、個人の状態に対する絶対的な能力評価を行う場合には、査定のしくみや評価基準などはオープンかつ三六〇度評価であることが望ましい。また、査定の結果として適合性が低いとされた場合に、職業や職種の流動性が担保されていれば、適材適所を探して自分をより高く評価してもらうところに移ることも可能である。しかし日本の場合、仕事相手と継続的な関係をもつことが前提となっており、流動性も総じて低い。たとえば転職が全くできないという状態を考えてみてもらいたい。自分が入った会社で評価されなければそこでの自分の立場は危うくなる。危うくなったときに他に行き場がないのだとすれば、社内での立場を安全にしておく方略をとるだろう。その結果として査定がもたらす関係性のあつれきは根が深いものになりがちである。査定する側もされる側も、ストレス、緊張感が高くなる。協調性には和を乱さないことに代表される「他者との協調」、他者からの排除を恐れる「評価懸念」が存在する（Hashimoto & Yamagishi, 2013）。他者との協調のためには、他者の考えを理解しようとする態度や、場面や状況において自分が何を求められているのかを理解したうえで行動することなどが必要になる。一方で排除を恐れる評価懸念は、罰回避的な心理傾向である。協調しているからこそ、そして協調を原則とした集団の意思決定がなされているからこそ、内集団から排除されることを懸念し、自己の意見を抑制することになってしまう。そのため結果として評価があいまいになり、全体のパフォーマンスも下がってしまうということがあるだろう。

大学でもアメリカ式の制度がうまく適合していない状況が見受けられる。米国ではテニュアトラック制度といって明確な評価基準をもとにした査定が行われ、アシスタントプロフェッサー（助教）で雇用されたら数年間同僚たちに厳しく審査される。合格してテニュアをもらえると准教授に上がることができ、定年までの雇用になる。日本でもテニュアトラックを導入しようと関係機関は努力してきたが、現在の日本の大学で起こっていることは、「任期つき雇用」の形態の定着になってしまいつつある。実際、若手の多くは一年から五年ぐらいの任期つき雇用で雇われ、任期が切れたときの更新や昇進がない場合が多い。背景には日本の大学の現状は経営的に厳しく、数年後のテニュアのポストが約束できないという事情もある。

実力主義、成果主義とされながらも、成果の結果としての未来が明確ではない。そのようななかでも自分の現在の所属機関に対する貢献と自分の能力の発揮の双方を目指す「タフさ」が、あるいは「自信」のようなものが必要とされるが、そううまくいかないケースもある。これは雇い主・雇われ主の双方にとって幸せな状況ではない。流動性が高い状態ではあるものの、米国のような互いの評価とパートナーシップに基づいて生起する流動性とは異なっている。社会の働き方を変えていくためには、一つひとつの要素を少しずつ変更してもあまり効果がなく、いくつかの要因を同時的に修正していくことが必要である。

若者の幸福

若者は幸福であるかどうか。データをもとにして言えば、「幸福度は老若男女問わず総じて下がっている」という結果もあれば「幸福度は上昇している」とする結果もあり、一概に結論づけるのは難しい。しかし日本の若者をとりまく経済・社会的な状況は決してポジティブな変化はしていない。正規雇用率が減少し、非正規雇用率が上昇、若者の将来への不安が高まることで、婚姻率の減少などにもつながっている。とくに一九九〇年代以降にグローバリゼーションが強くなると日本においても競争原理（市場原理主義による競争）が強まり、厳しい価格競争にさらされるようになった。結果として人材コストが削減され、働き方が多様化し、格差が生じた（山田、二〇〇九）。このときに同時にバブル崩壊後の経済の長期的低迷が経験された。さらに日本においては既存のタテ社会・年功序列型の影響があり、厳しい労働競争において、企業は中堅層以上の労働環境を保持する対策に積極的であった。そのため若者の雇用情勢は不安定になり、若年層での失業率が増加した（玄田、二〇〇一；Toivonen et al., 2011）。実際、二〇一〇年では全年齢の失業率は五パーセントであるなかで、二五〜三四歳の失業率は六・二パーセント、非正規雇用労働者も全体の三割を超えていた（厚生労働省、二〇一三）。また、大卒の就職内定率（卒業前年の一二月時点）は一九九七年以降下降していった。二〇一一年三月の卒業生が底（六八・八パーセント）となり現在は上昇している（二〇一九年三月の卒業生では九一・九パーセントが就職に内定している。厚生労働省・文部科学省、二〇一九）。一方で若者の三年以内離職率も非常に高いことが指摘されている。三分の一ほどの新卒採用者が、早いうちに仕事を辞め、うまくいけば転職をしているが、場合によってはそこからニートやフリーター生活となる場合もある。

こうした社会状況のなか、若者の「幸福観」は変化している。現在の五〇代以上の「親世代」の価値観であった「努力してより豊かになろう」というものはもはや若者の目標や願いとはなり得ない。「親よりも稼げるようになりたい」という意識は世界各国の若者と比べて、日本は最低ランクである（ジーレンジガー、二〇一三）。また、日本青少年研究所が二〇一〇年に発表したデータでは、日本・韓国・中国・米国の高校生の意識調査を行ったところ、「偉くなりたいですか？」という質問に、「強くそう思う」「まあそう思う」とした回答割合は、中国は八六パーセント、韓国七二パーセント、米国六六パーセントなのに対し、日本は四三パーセントで最も低く、日本の高校生の目標は「のんびりした暮らし」であったという（日本青少年研究所、二〇一〇）。

若者は経済的には厳しい状況にあるが、団塊の世代のように「夢を追いかけ、大志を抱く」ことよりも、現状の維持と周囲との親密な関係への志向性が高く、これらを自分たちの「今ある幸福」として受けとめるなら、幸福度自体はむしろ上昇しうるともいえる（浅野、二〇一五）。若者の「身内」意識の高まり、スローライフ志向などを鑑みると、野心はないが自分の周囲の環境を大事にすることに幸福を見いだす若者像を描くことができる（古市、二〇一一）。つまり、たとえ狭くとも安定的な対人関係が享受できる状態にあれば、安心感を得ることができる。一方でSNSにおける若者の結びつき（友人に対して適切な「返し」をしなければならないという観念）を鑑みると、根っこの部分では決して人間関係は「安定的」ではなく、他者とのより良い調和を目指すための努力が必要になってきている。

また、若者においては「どんなことでも挑戦してみよう」というやる気が低下していることも指摘されている。「どういうときにやる気が出るか」という質問を学生にしてみると、「自分の好きなこと、得意なことならやる気が出るが、それ以外にはやる気がもてない」という答えがなされることがある。若者たちの「選択的関心」の背景には、「自分の個性を見つけ、好きなことをしっかりとやりなさい」と教育されてきたことの影響も考えられる。しかし日本社会はジェネラリストによって大方が支えられるしくみであることはそれほど変わっていない。文化や社会の揺らぎと個人の方向性の揺らぎの不一致は、とくに社会的排除を受けやすい不安定な若者世代に経験されやすいといえる。

ニート・ひきこもり

関係性の場から外れてしまった若者の行動の一つとしてひきこもりがあげられる。日本における三九歳までのひきこもり人口は推定七〇万人とされ（内閣府、二〇一〇）、二〇一九年度の調査では四〇歳以上の「中高年のひきこもり」が六一万人以上と発表された。学生時代の人間関係のさまざまな試練、あるいは就職先での失敗が契機となり、いったん社会から離れた場合に、そこから復帰することがとても難しくなっている状況がその背景にある。

筆者らは、二〇〇〇年から若者に顕著になってきたといわれている「ニート・ひきこもり」の問題に焦点を当ててさまざまな研究を行ってきた（河合・内田、二〇一三参照）。大卒者の入社三年以内の離職率が高いことは先に述べたとおりであるが、日本社会特有の「履歴書の空白を問題視する」傾向が、こうした人たちの復帰不可能性をもたらしている。

筆者とノラサクンキットとの共同研究で作成された「ニート・ひきこもりリスク尺度」（Uchida & Norasakkunkit, 2015）では、このニート・ひきこもりリスクには三つの志向性が存在することを指摘している。第一が「フリーター生活志向性」であり、日本の伝統的な規範をもつ階層社会のなかで働くことを必ずしも良いとは考えない態度を表す要素である。ここには、他者と協同して社会の一員として働くことへの拒絶や不安も隠れている。第二の要素は「自己効能感の低さ」であり、コミュニケーション能力や社会で働くスキルについての自信のなさである。第三は「将来の目標の不明確さ」であり、学校を卒業してからも何をしてよいのかわからない、というような、目標を見失った人たちである。この尺度を用いた一連の研究からは、ニート・ひきこもりのリスクは実際にニートやひきこもりになっている人だけではなく、学生や正規雇用者のなかにも一定程度存在し、心理的逸脱や孤独感を示すことが示されている。また、ニート・ひきこもりスペクトラムのスコアは、学歴や（大卒より中卒・高卒で高い）、職業カテゴリー（正規職員より非正規・無職で高い）とも相関する。高リスクの若者は日本的な「相互協調性」が低く、幸福感が低く、コミュニティ内における親しい関係性も薄い。

ここから浮かび上がってくるのは、個人内の心の問題と社会的要因（仕事の流動性や経済的状況、「場」への復帰可能性）が相互構成的に問題を恒常化させていることである。個人の成果やユニークさが問われる「個人主義」「成果主義」の構造が導入されている一方で、それらは表層的なものにとどまっている。仕事環境や教育環境の整備を行うことの重要性をあらためて認識する必要があるだろう。

災害と幸福

国家を揺るがす災害が、人の心にもたらす影響は計り知れないほど大きい。日本においては繰り返し地震や台風などの被害が発生している。そのたびに私たちは自然の脅威を再認識させられる。日常生活は一瞬のうちに暗転するかもしれないということを前にして、大きな無力感さえ感じてしまうこともあるだろう。

災害がもたらす感情経験についての研究は、被災地の住人に対するPTSD調査などにみられる。とくに被災地域における研究として、堀毛（二〇一三）は東北地方における調査を二〇一一年一月と二〇一一年二月の東日本大震災発生前後で実施し、震災後の主観的幸福感は震災前と比べて低いこと、とくにこの傾向は主要被災県（岩手・宮城・福島）で強いことを示している。また、震災発生から三カ月後の二〇一一年六月に実施された調査では、被災地では心的外傷後のストレスの傾向が被災地以外に比べて有意に高く、医療や臨床的関わりが必要であることを示している（Kyutoku et al., 2012; Kotozaki & Kawashima, 2012）。

一方で大災害について、被災地以外の人々も対象に含めた研究の数は多くはない。例外として取り上げられるのはアメリカの二〇〇一年九月の同時多発テロと、同じくアメリカで二〇〇五年八月二九日に起こったハリケーンカトリーナの際の研究である。同時多発テロはアメリカ以外にも影響が大きく、イギリスにおいても同時多発テロ後、幸福感情が低下していることが報告されている（Metcalfe et al., 2011）。また、ハリケーンカトリーナについてアメリカ全土の成人を対象にした二〇〇五年八月〜一〇月までの毎月の調査によると、カトリーナの被害が明らかになった九月上旬で「その一週間のうちに感じた」ネガティブ感情が増加していた。被災地でもある南部地域ではネガティブ感情経験は二、三週間継続し、それ以外の地域では一、二週間後に平常状態に回帰していた（Kimball et al., 2006）。被災地域と離れていても、メディアによる被災地の映像などの影響により、ネガティブな感情経験が一時的には広く経験されることが示されている。

一九九五年に発生した阪神・淡路大震災では、ボランティア活動が多くみられた。阪神・淡路大震災後の心理的変化に関する研究（西本・井上、二〇〇四）では、震災後四年〜七年で調査を行っているが、主に自然への脅威に続き、人とのつながりの大切さや家族や友人のありがたさなどが強まっていたことが示されている。

東日本大震災後にはその心理・行動科学的影響を調べる調査がいくつか行われている。災害時には利他性が一時的にせよ上昇するとされているが、震災発生後の慶應義塾大学パネルデータ設計・解析センターのデータによると、実際に寄付などの援助行動が全国的に上昇していたことが示されている（Ishino et al., 2012）。また、震災から三カ月後の全国調査において、震災発生後「生活満足度」が下がったと回答した人は一四・五パーセントになる一方で、より一般的な「幸福感」が下がったと答えた人は四・五パーセントに過ぎず、むしろ幸福感の上昇を経験している人は一四パーセントであることが示されている。

二〇一〇年の内閣府の幸福度指標にまつわる先行調査として、二〇〜三〇代の若者二万人を対象にした幸福度調査が、東日本大震災発生前の二〇一〇年一二月に実施されていた。パネル調査として同じ人に二回答えてもらう設計になっており、第二回調査は震災発生直後の二〇一一年三月末に実施された。当初は全国の二〇歳〜三九歳を対象に、二〇一〇年度内に幸福度指標検討の目的で二度のパネル調査を実施する体制として計画されていたものであり、その間に震災が発生したため、第二回調査では急遽震災関連項目を追加し、震災発生直後であったため、被災地域である東北六県と茨城県在住者は対象とされなかった。第一回参加者は二万名、第二回は第一回の回答者に加え、第一回で生じた年齢構成などの歪みを勘案して補充を行った一万六〇〇〇名であった。うち一万七四四名が第一回と同一人物が回答しているパネルデータとなり、対応づけが可能であった（男性五三・〇一パーセント、女性四六・九九パーセント。二〇代前半二〇・三四パーセント、二〇代後半二二・九八パーセント、三〇代前半二六・三五パーセント、三〇代後半三〇・三二パーセント）。このデータを用いた筆者らの分析（Uchida et al. 2014）では下記の三つの仮説が実証された。被災地域以外においては、①震災後にはハリケーンカトリーナの災害時における先行研究（Kimball et al. 2006）が指摘しているとおり、気分的には落ち込みが感じられるため、一時的なポジティブ感情は減少し、ネガティブ感情が上昇した。②しかし一方で震災の経験は自らの価値観を変え、今まで当たり前に享受していた環境や他者の存在を再評価する気持ちが芽生え、その結果として幸福の判断基準が変わり、幸福感はむしろ上昇する傾向があった。③ただし上記の効果には個人差があり、被災地域に共感的な人のほうがより強くこのような傾向を示していた。

第二回調査では「今回の地震を受けて、あなたの人生や幸福についての考え方は変化しましたか」という問いが設けられていた。これに対して「大きく変化した」、「やや変化した」、という回答をあわせると五八パーセントにのぼり、半数以上の人たちに何らかの形での人生観や価値観の変化が経験されていた。この群の人たちには、その変化内容について「結びつき重視」「個人努力重視」「虚無感」として大別される項目にも回答をもらったが、全体的にみると結びつき重視の変化が最も高かった。さらには変化内容の方向は職業と関連があり、結びつき重視は正規雇用者ならびに学生で他の二群よりも高く、また、個人努力重視はパートタイマーや非正規雇用者で高かった。虚無感は無職者でより高い傾向にあった。これらの結果から、二〇代、三〇代の若者においては、半数以上の人たちが震災を経て、被災地にいなくとも何らかの人生観や価値観の変化を経験したこと、その内容としては社会的な関係性ならびに日々の日常を大切に考えたいと思う傾向の増大が最も多かったことが明らかになった。これはまさに震災直後に「絆」という言葉が重視されたことと一致する。一方で正規雇用にない人たちなど、社会的に厳しい状況にある人たちにおいては、むしろ周囲ではなく個人の力を重視しようとする傾向がみられるなど、その人が置かれた状況との関わりを考えていくことも必要であることが示された。

第一〇章　幸福論のこれから

ブータンに学ぶ――GNH

筆者は何度かブータンを訪問し、国民総幸福度（Gross National Happieness：GNH）とは何かについて直接話を聞く機会を得ている。「幸福の国」として注目されていたブータンであるが、訪れてみるとなかなか奥が深くて驚かされた。

ブータンは、インドと中国にはさまれた非常に小さな国で、面積は九州ぐらいで人口が七〇万人、イメージとしては島根県民が九州全体に散らばって暮らしている感じだという。仏教国で、農業人口が九割。後発開発途上国で、観光業と、ヒマラヤ山脈の高低差のあるブータンの地形を活かした水力発電に力をいれている。インドが最大貿易相手国で、電力をインドに売ったり、逆に工業製品はインドから輸入している。医療費と教育費は無料。

ブータンの幸福観は、いわゆる北米系の「獲得志向」の幸福観とはとても異なっている。もちろんブータンでも良い教育を受けること、あるいは自尊心を高くすること、労働意欲や経済状態は大切にされている。しかし、最も重視されているのは感謝の気持ちと充足感である。両親、先祖、自然、動物たち、土地に感謝をしながら、日常のなかで充足感を感じていることをブータンの人たちは大切にしている（熊谷、二〇一七）。

ブータンは人々が「幸福の国」という言葉から想像するような、いわゆる「桃源郷」というわけではない。経済的には最貧国のなかに含まれるし、地方部ではインフラが整っていないところもある。しかし人々は誇りと他者への信頼をもって暮らしていることが伝わってくる。お寺を訪れると老若男女が長い時間座って祈りを捧げ、学校を訪れると子どもたちが楽しそうにかつ一生懸命に勉強をしている。畑では牛とともに農業者が作業をしている。町のなかでは犬が昼間に寝ており、辻では子連れの大人たちが井戸端会議をしている。森の色が深く、山の谷間に町がある。時間の流れはあくまでゆったりしている。予定されていたプログラム通りに事が進まないこともしょっちゅうあるが、不思議といらいらとはさせられない。ブータンには「輪廻転生」の思想が根づいているからか、なんとなく「悠久な」時間の流れがあるように思われる。現世のなかで必ずしも成功しなくても、来世でうまくいくかもしれないという、長い時間のなかでゆったりと幸せを考えている。自分の幸せが目の前にいる誰かだけではなくて、祖先や、あるいはこれから自分が会うことのないかもしれない何世代か後の子孫ともつながっており、幸せというものは自然や他者との関わりのなかで実現されるという感覚が自ずと伝わってくる。

日本の農業でよく問題になるのが鳥獣害であり、サルやシカに農作物を荒らされることへの対策がとられることがある。ブータンにももちろん鳥獣害があり、しょっちゅう畑が荒らされるようだが、ブータンの人に聞くと絶対に「鳥獣害」という言葉を使わないようにしているという。「害だ」と言ってしまうと、動物と人間の間に線が引かれ、こちらは良いもの、あちらは悪いものというふうにしてしまう。しかし、ブータンでは動物と人々が自然をともに共有しながら暮らしており、逆に動物が暮らしているところに人間がお邪魔してしまっているのかもしれないという感覚があるらしい。それゆえに「鳥獣害」という言葉を公的な文書で使わないようにしているというのである。

意思決定に関わるリーダーたちと話をすると、他の国の様子を分析したうえで政策決定を行っていることがわかる。ブータンは経済的な自立を目標にする一方で、ブータン国民の心の豊かさを支える自然環境や文化伝統の保全を重要視しており、経済発展が環境・文化要因の保護とバランスをとって行われるかどうかという評価による意思決定を行っている。つまりブータンは「幸福の国」というよりは「幸福を目指した国づくり」を行っている国、と表現したほうが正しいだろう。そのための理念であるGNHをさまざまな場面で通底させ、人々と共有しようとしている（枝廣ら、二〇一一）。

GNHは、第四代国王が一九七〇年代に「ブータンはGDPよりGNHを大切にする国にしたい」といったことに始まるといわれている。ブータンは前述のとおり、インドと中国という二つの大国にはさまれた、小さな国である。しかしGNH政策は、小さな国であるブータンが、世界にその名を知らしめる大きなきっかけになったのだ。経済成長を目指しても人々が幸せにならないのであれば、経済成長というのはもしかすると緩やかでもいいのかもしれず、逆に経済成長することで失ってしまうものを大事にしたほうがいいのではないかというようなことをブータンは発信している。幸福を考える政策立案をし、そのために指標を用いて測定と分析を行うというのはたしかにかなり画期的である。各省庁から提案された政策を、GNHの観点から評価し、この観点に見合わない計画だったときには却下されることもある。山を切り開いて、バイパス道路をつくってしまえば隣町に行くのは楽になるけれども、それをやってしまうと自然が守られなくなり、結果として人々の幸福を減じてしまうことになるかもしれない、それならば道路はつくらないという決定がなされたこともある。

ブータンを訪れたときに印象深かったのは、「幸福を感じる力」への志向性である。とくにブータン仏教と幸福観の関わりは無視できない。祈りや瞑想の時間を設けることが日常的に行われており、人々は「足るを知る」の精神を重要視している。それゆえ、Happinessという言葉を用いているが、本当は【幸せ】ではなく【充足】という意味に近い。

一方でブータンにも変化が訪れている。首都ティンプーは急速に都市化し、農村の若者が離農して首都にやってくることが増えた。しかしティンプーは都市化したとはいえ、小さな町であり、当然、多くの労働者を抱えきれるだけのキャパシティーがない。ゆえにティンプーでは若者の失業が問題になっている。また、スマートフォンやインターネットなども普及しはじめ、それに伴う価値観や意識の変化もある。こうしたなか、ブータンの幸福観がどのように変化していくのか、世界が注目している。

日本社会における「個人の幸せ」

翻って、日本の幸福はこれからどうなっていくのだろう。さまざまな社会問題に対しては政治や経済の方策で何とかしてほしいという声が大きいと思うが、果たして政治的に決定される制度やしくみが変わっただけで、これらの問題は解決するのだろうか。私たちが日常生活の中で考えるべきことはないのだろうか。

制度が変われば意識は変わる、そのようにして日本は明治維新に代表されるような改革に取り組んできた。しかし第九章で述べたように、日本に新しく入ってきたグローバリゼーションは、私たちの意識を大きく変えるには至っていない。実は人の価値観には根強く残る部分もあるのではないかと思う。

個人の幸福を大切に考える、という志向性は、歴史的に見ても長く存在していたものではない。個人の幸せは二の次で、集団が生き残るために必死にならなくてはならないという時代が長く続いていたのだ。もちろんそうした中でも特権を持つ一部の人たちには自分たちの幸福や満足を充足させる余力を持っていたし、ある意味他者の幸せを搾取していた。時代は移り変わり、ある程度安定した社会状態が実現されれば、より多くの個人が幸せについて考える余地ができるようになった。しかしいまだに「個人の幸せ」は日本の中では難しい概念である。

離婚や転職などのことを例に挙げてみよう。自分がつらい思いをしてまで婚姻関係を続ける、あるいは同じ職場にとどまることは、「個人の幸せ」の観点から見ればある意味非合理的に思われる。しかしながら日本では、自分以外の他者に迷惑がかかる意思決定を避けようとする傾向は強い。それゆえに個人の幸せを守る選択をするときには罪悪感を抱くことがあるし、また、個人の幸せを追求する人に対して他者からはあまり良い感情が抱かれないことがある。逆に個人の幸せを犠牲にして他者や社会に尽くした人については高く評価される傾向がある。そうすると結局個人の幸せは「幸せ」にはなり得ない。

こうした状態は価値観として長く引き継がれており、頑固に根を張ってきた。日本企業の長時間労働の現状を改革しようとしてもなかなかうまくいかないのは一部こうした価値観とも関連している。長時間頑張っている人、会社のために個人の時間を持つことを犠牲にしてきた人、そういうことを評価する現状がある以上、「私はそうしません」とは言いづらい。

また、日本の社会においては「せねばならない」ルールのほうが先行し、それらを適切に処理していれば「安全だ」という意識が強い。もちろんそれによって日本はかなり世界的にも信頼されるような事物を作り出すことに成功してきたともいえるのだが。

近年文化差を分析する概念として"Tightness-Looseness"が注目されている。社会の「固さ、ゆるさ」ともいえるもので、タイトな文化には強い規範があり、そこからのから逸脱に対して寛容でないという特徴がある。ルーズな文化は規範が緩く、そこからの逸脱に対しても寛容である。三三カ国を比較した研究(Gelfand et al. 2011)によると、よりタイトな文化を持つのはアジアに多く(インド、パキスタン、日本、マレーシア、シンガポール、韓国)、ルーズな文化は南米・ヨーロッパの一部(ブラジル、ハンガリー、オランダなど)である。タイトネスが強すぎても、ルーズネスが強すぎても、幸福度は低くなり、寿命なども短くなることが示されている（Harrington et al., 2015）。日本は数値的にいえば世界の中で極端にタイトというわけではないが、とくに集団（学校、会社、家族、地域）場面において、自分たちにとってより身近かつ直接的な交流が深い単位になると、規範意識の強さと相手からの不評を恐れる気持ちは強くなる。

タイトな規範をルーズにするのは難しくとも、もう少し自由な意識を持ち、他者を規範からの逸脱による減点法でジャッジするのではなく、やってくれたことへの加点法で感謝を示すことができるならば、もう少し幸福感のあり方も変わってくるのではないだろうか。

しかしながら、個人の幸せが、他者の幸せを搾取せずに協調的に成立することも大事な要件である。おそらく日本の協調的な幸福は、他者との調和を重視することで、天災などの困難を乗り越え、周囲と助け合うために自分を律する、そういう機能をもって受け継がれてきた。個人ばかりに目を向けてそれが競争的な形で相手を打ち負かし、自らが多くの取り分を得ようとするようなものでは、社会は過度に競争的になり、安定した幸福は得られない。個人の幸せの行きつく先が、足りない部分を満たし続けようとしてしまう快楽主義的なものになってしまっては持続的な幸福は見込めない。個人が生きる意味や価値を感じられるような幸福を実感しながら、それを支える社会・集合とバランスを持っていくことは、現在日本における幸福について考えるうえで極めて重要なことなのではないだろうか。

持続可能性

私たちの幸福を支えるのは、自然環境、経済環境、社会関係など、多岐にわたる。一方でこうしたものは常に安定的に存在しているわけではない。安定的・持続的に人の幸福を支える要因を維持させるためには、努力も必要になってくる。

一つは、地球資源の分配にまつわる、長期的ビジョンの構築が必要であろう。もしも現時点での近視眼的かつローカルな幸福ばかりを追い求めるとすれば、利那的な意思決定が繰り返され、周囲にある環境への評価には注意が払われにくくなり、公共財問題が発生しやすくなる。それを回避するためには、個人が自分の欲求の充足のみを幸福の拠り所とするのではなく、長期的で広い視点に立った関係思考が必要になる。個人の幸福追求モデルは、個人間の競争と達成がひいては社会全体の利益を生み出すという資本主義モデルと連動したものであるが、これがうまく循環する条件は、個人間の競争が「共有地の悲劇」に代表されるようなマクロ環境へのダメージによる共貧状態をもたらさないこと（資源が豊富にあると想定される状態）である。しかし地球資源を考慮すると、この条件が成立することは非常に稀であろう。

もう一つは、「幸福を感じる力」の育成も必要であろう。経済成長が国民の幸せを支えるという理屈が浸透し、経済成長という目標設定がデフォルト化、一定の経済活動の拡大を目指してきた。たしかにそれらは非常に重要ではあるが、イースターリンのパラドックスから示唆されるように、「要件がそろっていれば必ず人は幸福を感じる」というものではない。むしろ、一定の要件が満たされていても幸福を感じることができない人は多くいる。ブータンでは、経済発展以外の側面も重視し、文化や精神性あるいは自然環境が失われないことを重視している。そしてこの政策は、発展途上国のみならず先進国を含めた世界各国の一つのロールモデルとして機能しはじめている。

幸福を支える要件と、幸福を感じる力は別物である。時に「要件」の上昇が「感じる力」を削いでしまうこともあり、幸福を感じる力を育てることは簡単なことではない。実際、多くの国は増大する個人の欲求と供給とのバランスをとることに対して成功を収めているとは言いがたい。日本においては、幸福を満たすとされる「要件」は世界的にみても相当に高ランクに位置する。インフラが整い、情報を容易に入手でき、医療設備も整っているとともに、文学やメディアなどの文化も発達している。しかし、幸福を感じる力は衰えているかもしれない。

消費文化においては「個人」の幸福の要件に注意が向けられやすい。実際に、個人の幸福の要件に特化した幸福度指標が世界で普遍的に用いられていくことは、果たして地域固有な自然や文化に基づいた持続可能な社会づくりに資するものであろうか。

持続可能な社会を実現するためには、世代を超えてどのように幸福を受け継ぐのか、また、自分（自分たち）さえよければよいという考えだけではなく、他の地域に暮らす人々との横のつながりや影響を視野に入れる必要がある。日本においては、バランス志向に根ざした集合的幸福観と、持続可能な幸福につながる智恵が存在している。こうしたモデルを日本が国際社会のなかで積極的に提言する役割を担うことが今こそ求められているのではないだろうか。

むすびに

ここまで繰り返し述べてきた考えの一つは、幸福は「ごく個人的な」なものと考えられがちであるが、実は社会や文化の影響を大きく受ける、「集合的な現象」でもあるのだということである。

文化や社会という環境のなかで学習され、伝達され、共有される「幸福のあり方」は、そこに生きる個人のライフスタイルや幸福観を方向づけ、その行動にも影響を及ぼす。

これまでの心理学の研究モデルは、個人内のメカニズムについて検討することを超えられないという理論的・方法論的限界があった。文化や社会的規範、対人相互作用などの集合的な現象についても、「集合現象をどのように各人が認識し、行動するか」という、個人レベルに落とし込む必要があった。もちろんそれにより多くのことがわかってきているし、個人差を知ることは非常に重要なことである。しかし、幸福のようなより大きな問題を考慮したときには、個人モデルの追求だけでは足りない。社会の価値観に関する分析、自然環境に関する分析など、分野を超えた協力関係のもとに研究を進めていく必要がある。

また、これまでの指標の単一的側面は、幸福という広い概念を限定的なレベルに落とし込み、社会の成長をある一定の方向性にのみ誘導してしまった可能性がある。現在筆者らの研究チームが実施しようと取り組んでいる研究は、こうした現状に風穴を開けるべく多様な指標の関連性を明らかにし、地域社会あるいは企業などのコミュニティの状況把握に用いられないかという試みである。この取り組みは、個別モデルの心のあり方あるいは心と切り離されたマクロ環境という考え方から脱却し、相互につながり合い広がる心の様相に迫ろうとするものである。まだ産声を上げたばかりの研究であるが、地域や企業と協力しながら、今後の未来に向けての礎となるようなものに育てていきたい。

あとがき

本書は二〇〇〇年から二〇二〇年までに行われた文化と幸福についての研究をまとめる機会となった。文化と幸福感の問題については私が大学院の博士課程だったころのテーマの一つとして取り上げたものである。当時（二〇〇〇年）にはそれほど多くの知見がなかったが、日米比較のデータを収集すると結構面白い結果になり、この分野に引き込まれていった。それからあっという間に幸福感は心理学以外においても重要なキーワードとして研究されるようになった。そして二〇一〇年には内閣府で幸福度に関する研究会が立ち上がった。私も委員として招集され、心理学の測定についての知見をどのように生かすべきかということについて真剣に考える機会になった。これをきっかけとして、心理学以外のさまざまな分野の研究者と交流する機会も増えた。文化と心というトピックスについての一つの研究に過ぎなかったものが、社会的ニーズにつながっていくのは驚きでもあった。そういう意味ではこの研究テーマは幸運だったのかもしれない。

本書の執筆過程においてはこの二〇年における研究の深化もさることながら、さまざまな形での社会変化やそれに伴う価値観の変化についても考えることになった。日本においては経済的な危機による社会階層をめぐる問題が顕在化し、グローバリゼーションが進行、協調的な価値観から個人の自由や権利を求める時代へと変化した。そして東日本大震災が経験され、社会の中でのリスク管理意識への感覚の高まりと、他者との共存や調和を再度見直すべきであるという価値観も高まった。

私はスタンフォード大学の行動科学先端研究センターに二〇一九年八月からフェローとして滞在する機会を得て、当地で校正作業にあたることになった。センターには毎年さまざまな分野の社会科学者が世界中から集められ、日々議論をしている。アメリカで現在生じていることは、価値の分断化の問題である。社会階層、支持政党、宗教、環境への意識など。さまざまな問題が「グローバルかつ地球的な価値の追求」と「個人の権利と利得構造による生存競争」の間を揺らぐ図式として顕在化している。幸福は個人が享受する権利とされながらも、個人の幸福追求を守る社会とはどうあるべきかを考えるものであることが強く意識される状況である。

北米のリベラリズムにおいては「個人の幸福」と「善なる社会」が共存するはずだというある種の「信念」に近いものがみられる。それは一つの理想型なのかもしれない。善なる幸福な個人が、善なる判断を行うことで、他者にとっても幸福がもたらされるような社会の在り方に対する理想である。しかしそうした議論の渦中におかれると、「個人」の幸福の追求が必ずしもより良い社会を形成するとも限らないのではないかという、ある種「日本的な」思考が自分の中に根強いことにも気づかされる。個人が基本になりその延長として集団が形成されているという前提に成り立つ文化と、集団の中に個人が所属しているという前提をもつ文化との志向の違いなのかもしれない。そして後者では「調整」や「集団での意思決定」が重視される。だからこそ個人の幸福が社会にもたらす効果は限定的であったり、ある時にはネガティブな場合すらあるのではないかという懸念を心のどこかに抱えている。

世界の幸福の理想像は北米リベラリズムが持っているものに近い理想主義的倫理観に一元化されつつあるとも感じる。しかしそれぞれの社会や文化の中で育まれる幸福についての考え方や価値観は常にこの北米リベラリズムと一致することばかりではない。幸福が個人の権利として認められるようになってきた近代以降の社会の中で、そのことがもたらす影響をより広い視野で考えていく必要が出てきている。私はそういう意味では「幸せ」を常にポジティブな意味ではとらえていない。幸せはその温かく明るいイメージの裏に、社会の中での葛藤を内包していると思っている。だからこそ「幸せになりましょう」というキラキラ輝くメッセージではなく、「幸せとは何かをシリアスに考えましょう」というメッセージを発信したいと思ってきた。本書においてそのニュアンスがうまく伝えきれたかどうかわからないが、読者の方々にとって、幸福をめぐる研究を考察することが、客観的に幸せについて「考える」作業となればと思う。

おそらくこれからの学問は分野の領域固有性や方法論にとらわれず、自由に重要なトピックスについてあちこちの角度から研究するものがどんどん増えていくだろう。それまでは一つの地点からゴールまでの一本道をつくっていく「面」だった学問が、さまざまな登山ルートでそれぞれが登頂し、一つの山の形を見出していくような、立体的なものになるはずだ。こころは私たちの中にありながら見えそうで見えない。そういうミステリアスな「山」には複数のルートから登っていかなければならない。幸福の研究も、多くの立場の人たちによるさまざまなルートが開拓されることで、より深いものになるだろう。

本書の原稿は日本で執筆し、校正をアメリカで実施した。校正段階では日本で執筆していた視点とはまた少し違う視点を持つようになっていたことに気がつき、何度も文章に手入れをしたくなってしまった。

編集の森光佑有さんはそのたびに丁寧に対応してくださった。また、「本が良くなるのはありがたいです」という温かいお励ましの言葉もかけてくださった。心から感謝している。

また、幸福感に関する研究を推進するうえで長く共同してくださった共同研究者の皆様、内田研究室の研究者・学生たち、恩師である北山忍先生とヘーゼル・マーカス先生に特に感謝をしたい。

私は論文を英語で執筆することが多く、研究で知り合った多くの方々に、これまで日本語で私の研究内容を届ける機会が少なかったのだが、こうしてこれまでの研究内容をまとめることができた機会に感謝したい。数年後に読み返したらまた書き足したいことが出てくるように、これからも研究を地道に続けていきたいと考えている。

内田由紀子

二〇二〇年　三月

人名索引

事項索引

◆さ 行

◆た 行

引用文献・URL

Arnett, J. J. (2008). The neglected 95%: Why American psychology needs to become less American. American *Psychologist, 63*, 602-614.

浅野智彦（2015）. 若者の幸福感は何に支えられているのか（特集　若者の生活満足度を問う：状況規定のパラドクス）. 現代の社会病理, *30*, 37-55.

東洋（1994）.『日本人のしつけと教育：発達の日米比較にもとづいて』東京大学出版会

Bagozzi, R. P., Wong, N., & Yi, Y. (1999). The role of culture and gender in the relationship between positive and negative affect. *Cognition and Emotion, 13*, 64-672.

Bolger, N. & Amarel, D. (2007). Effects of social support visibility on adjustment to stress: Experimental evidence. *Journal of Personality and Social Psychology, 92*, 458-475.

Cacioppo, J. T., Hawkley, L. C., Kalil, A., Hughes, M. E., Waite, L., & Thisted, R. A. (2008). Happiness and the invisible threads of social connection. In M. Eid & R. J. Larsen (eds.). *The science of subjective well-being*. pp.195-219. Guilford Press.

Cantril, H. (1965). *The pattern of human concerns*. Rutgers University Press.

Chentsova-Dutton, Y. E. & Tsai, J. L. (2010). Self-focused attention and emotional reactivity: The role of culture. *Journal of Personality and Social Psychology, 98*, 507-519.

Clark, A. E., Diener, E., Georgellis, Y., & Lucas, R. E. (2008). Lags and leads in life satisfaction: A test of the baseline hypothesis. *The Economic Journal, 118*, F222-F243.

Cole, S. W., Capitanio, J. P., & Chun, K. (2015). Myeloid differentiation architecture of leukocyte transcriptome dynamics in perceived social

isolation. *Proceedings of the National Academy of Sciences, 112*, 15142-15147.
Curhan, K. B., Sims, T., Markus, H. R., Kitayama, S., Karasawa, M., Kawakami, N., ... & Ryff, C. D. (2014). Just how bad negative affect is for your health depends on culture. *Psychological Science, 25*, 2277-2280.
de Almeida, I. & Uchida,Y. (2020). Examining affective valence in Japanese and Brazilian cultural products: An analysis on emotional words in song lyrics and news articles. Psychologia, DOI: 10. 2117/pstsic. 2019-A103.
Diener, E. (2000). Subjective well-being: The science of happiness and a proposal for a national index. *American Psychologist, 55*, 34-43.
Diener, E. & Biswas-Diener, R. (2008). *Happiness: Unlocking the mysteries of psychological wealth*. Blackwell.
Diener, E. & Diener, M. (1995). Cross-cultural correlates of life satisfaction and self-esteem. *Journal of Personality and Social Psychology, 68*, 653-663.
Diener, E., Diener, M., & Diener, C. (1995). Factors predicting the subjective well-being of nation. *Journal of Personality and Social Psychology, 69*, 851-864.
Diener, E., Emmons, R. A., Larsen, R. J., & Griffin, S. (1985). The satisfaction with life scale. *Journal of Personality Assessment, 49*, 71-75.
Diener, E., Inglehart, R., & Tay, L. (2013). Theory and validity of life satisfaction scales. *Social Indicators Research, 112*, 497-527.
Diener, E., Oishi, S., & Park, J. (2014). An incomplete list of eminent psychologists in the modern era. *Archives of Scientific Psychology, 2*, 20-31.
Diener, E. & Suh, E. M. (2000). *Culture and subjective well-being*. MIT Press.
Dweck, C. S. & Leggett, E. L. (1988). A social-cognitive approach to motivation and personality. *Psychological Review, 95*, 256-273.
Easterlin, R. A. (1974). Does economic growth improve the human lot?: Some empirical evidence. In P. A. David & W. R. Melvin (eds.). *Nations and households in economic growth*. pp.89-125. Academic Press.
枝廣淳子・草郷孝好・平山修一 (2011).『GNH（国民総幸福）：みんなでつくる幸せ社会へ』海象社
Ekman, P. & Friesen, W. V. (1972). Hand movements. *Journal of Communication, 22*, 353-374.

Fisher, R. & Boer, D. (2011). What is more important for national well-being: Money or autonomy? ***Journal of Personality and Social Psychology, 101***, 164-184.

Florida, R., Mellander, C., & Rentfrow, P. J. (2013). The happiness of cities. ***Regional Studies, 47***, 613-627.

Fredrickson, B. L., Grewen, K. M., Algoe, S. B., Firestine, A. M., Arevalo, J. M. G., Ma, J., & Cole, S. W. (2015). Psychological well-being and the human conserved transcriptional response to adversity. ***PLoS ONE, 10***, e0121839. doi:10.1371/journal.pone.0121839.s008

古市憲寿 (2011).『絶望の国の幸福な若者たち』講談社

Gelfand, M. J., Raver, J. L., Nishii, L., Leslie, L. M., Lun, J., Lim, B. C., ... & Aycan, Z. (2011). Differences between tight and loose cultures: A 33-nation study. ***science, 332***, 1100-1104.

玄田有史 (2001).『仕事のなかの曖昧な不安：揺れる若年の現在』中央公論新社

Hamamura, T. (2012). Are cultures becoming individualistic?: A cross-temporal comparison of individualism-collectivism in the U.S. and Japan. ***Personality and Social Psychological Review, 16***, 3-24.

Hank, K. & Wagner, M. (2013). Parenthood, marital status, and well-being in later life: Evidence from SHARE. ***Social Indicators Research, 114***, 639-653.

Hardin, G. (1968). The tragedy of the commons. ***Science, 162***, 1243-1248.

Harrington, J. R., Boski, P., & Gelfand, M. J. (2015). Culture and national well-being: Should societies emphasize freedom or constraint?. ***PloS one, 10***, e0127173.

Hashimoto, H. & Yamagishi, T. (2013). Two faces of interdependence: Harmony seeking and rejection avoidance. ***Asian Journal of Social Psychology, 16***, 142-151.

Heine, S. J., Kitayama, S., Lehman, D. R., Takata, T., Ide, E., Leung, C., & Matsumoto, H. (2001). Divergent consequences of success and failure in Japan and North America: An investigation of self-improving motivations and malleable selves. ***Journal of Personality and Social Psychology, 81***, 599-615.

Heine, S. J. & Lehman, D. R. (1999). Culture, self-discrepancies, and self-

satisfaction. *Personality and Social Psychology Bulletin, 25*, 915-925.

Heine, S. J., Lehman, D. R., Peng, K., & Greenholtz, J. (2002). What's wrong with cross-cultural comparisons of subjective Likert scales: The reference-group problem. *Journal of Personality and Social Psychology, 82*, 903-918.

Helliwell, J. F. & Huang, H. (2008). How's your government? International evidence linking good government and well-being. *British Journal of Political Science, 38*, 595-619.

Helliwell, J. F. & Putnam, R. D. (2004). The social context of well-being. *Philosophical Transactions of the Royal Society of London. Series B: Biological Sciences, 359*, 1435-1446.

Henrich, J., Heine, S. J., & Norenzayan, A. (2010). The weirdest people in the world?. *Behavioral and Brain Sciences, 33*, 61-83.

広井良典（2017）. 幸福政策は可能か：幸福をめぐる理念と公共政策（特集　幸福研究の学際的展開：ポジティブ心理学と政治経済学）. 公共研究, *13*, 108-122.

Hitokoto, H. & Uchida, Y. (2015). Interdependent happiness: Theoretical importance and measurement validity. *Journal of Happiness Studies, 16*, 1-29.

Hofstede, G. (2001). *Culture's consequences: Comparing values, behaviors, institutions and organizations across nations*. Sage publications.

Hong, Y. Y., Morris, M. W., Chiu, C. Y., & Benet-Martinez, V. (2000). Multicultural minds: A dynamic constructivist approach to culture and cognition. *American Psychologist, 55*, 709-720.

堀毛一也（2013）. 震災が主観的 well-being に与える影響について. 東洋大学 21 世紀ヒューマン・インタラクション・リサーチ・センター（編）『現代人のこころのゆくえ　3：ヒューマン・インタラクションの諸相』東洋大学 21 世紀ヒューマン・インタラクション・リサーチ・センター

Hudson, N. W., Lucas, R. E., & Donnellan, M. B. (2019). Healthier and happier? A 3-year longitudinal investigation of the prospective association and concurrent changes in health and experiential well-being. *Personality and Social Psychology Bulletin, 45*, 1635-1650.

Huta, V. (2013). Pursuing eudaimonia versus hedonia: Distinctions,

similarities, and relationships. In A. S. Waterman (ed.). ***The best within us: Positive psychology perspectives on eudaimonia***. pp.139-158. APA Books.

Huta, V. & Waterman, A. S. (2014). Eudaimonia and its distinction from hedonia: Developing a classification and terminology for understanding conceptual and operational definitions. ***Journal of Happiness Studies, 15***, 1425-1456.

Inglehart, R., Foa, R., Peterson, C., & Welzel, C. (2008). Development, freedom, and rising happiness. ***Perspectives on Psychological Science, 3***, 264-285.

Ishino, T., Kamesaka, A., Murai, T., & Ogaki, M. (2012). Effects of the Great East Japan Earthquake on subjective well-being. ***Journal of Behavioral Economics and Finance, 5***, 269-272.

Iyengar, S. S. & Lepper, M. R. (1999). Rethinking the value of choice: A cultural perspective on intrinsic motivation. ***Journal of Personality and Social Psychology, 76***, 349-366.

Ji, L., Nisbett, R. E., & Su, Y. (2001). Culture, change, and prediction. ***Psychological Science, 12***, 450-456.

城繁幸（2004).『内側から見た富士通「成果主義」の崩壊』光文社

Kashima, Y. (2014). How can you capture cultural dynamics? ***Frontiers in Psychology, 5***, 995.

Kawachi, I. & Berkman, L. (2000). Social cohesion, social capital, and health. ***Social epidemiology***. pp.174-190. Oxford University Press.

河合隼雄（1992).『こころの処方箋』新潮社

河合俊雄・内田由紀子（編）(2013).『「ひきこもり」考』創元社

Kimball, M., Levy, H., Ohtake, F., & Tsutsui, Y. (2006). Unhappiness after hurricane Katrina. ***National Bureau of Economic Research, 12062***.

北山忍（1998).『自己と感情：文化心理学による問いかけ』共立出版

北山忍（2013). 自己矛盾のメンタリティー：ひきこもりの文化心理学 . 河合俊雄・内田由紀子（編）『「ひきこもり」考』pp.27-43. 創元社

Kitayama, S., Akutsu, S., Uchida, Y., & Cole S. W. (2016). Work, meaning, and gene regulation: Findings from a Japanese information technology firm. ***Psychoneuroendocrinology, 72***, 175-181.

Kitayama, S., Ishii, K., Imada, T., Takemura, K., & Ramaswamy, J. (2006). Voluntary settlement and the spirit of independence: Evidence from Japan's northern frontier. *Journal of Personality and Social Psychology, 91*, 369-384.

Kitayama, S. & Markus, H. R. (2000). The pursuit of happiness and the realization of sympathy: Cultural patterns of self, social relations, and wellbeing. In E. Diener & E. M. Suh (eds.). *Culture and subjective well-being.* pp.113-161. MIT Press.

Kitayama, S., Markus, H. R., Matsumoto, H., & Norasakkunkit, V. (1997). Individual and collective processes in the construction of the self: Self-enhancement in the United States and self-criticism in Japan. *Journal of Personality and Social Psychology, 72*, 1245-1267.

Kitayama, S., Mesquita, B., & Karasawa, M. (2006). Cultural affordance and emotional experience: Socially engaging and disengaging emotions in Japan and the United States. *Journal of Personality and Social Psychology, 91*, 890-903.

Kitayama, S., Park, H., Sevincer, T., Karasawa, M., & Uskul, A. K. (2009). A cultural task analysis of implicit independence: Comparing North America, Western Europe, and East Asia. *Journal of Personality and Social Psychology, 97*, 236-255.

Kobayashi, T., Suzuki, E., Noguchi, M., Kawachi, I., & Takao, S. (2015). Community-level social capital and psychological distress among the elderly in Japan: A population-based study. *PloS One, 10*, e0142629.

国立社会保障・人口問題研究所 (2015). 第 15 回出生動向基本調査

厚生労働省 (2013). 厚生労働白書　平成 24 年度版

厚生労働省・文部科学省 (2019). 大学等卒業予定者の就職内定状況

Kotozaki, Y. & Kawashima, R. (2012). Effects of the Higashi-Nihon earthquake: Posttraumatic stress, psychological changes, and cortisol levels of survivors. *PloS One, 7*, e34612. (Metcalfe et al., 2011)

子安増生・他 (2012). 幸福感の国際比較研究：13 カ国のデータ . 心理学評論 , *55*, 70-89.

熊谷誠慈（編著）(2017).『ブータン：国民の幸せをめざす王国』創元社

Kuppens, P., Realo, A., & Diener, E. (2008). The role of positive and negative emotions in life satisfaction judgment across nations. *Journal of Personality and Social Psychology, 9*5, 66-75.

Kuznets, S. (1955). Economic growth and income inequality. *The American Economic Review*, 1-28.

Kyutoku, Y., Tada, R., Umeyama, T., Harada, K., Kikuchi, S., Watanabe, E., ... & Dan, I. (2012). Cognitive and psychological reactions of the general population three months after the 2011 Tohoku earthquake and tsunami. *PloS One, 7*, e31014.

Lawless, N. M. & Lucas, R. E. (2011). Predictors of regional well-being: A county-level analysis. *Social Indicators Research, 101*, 341-357.

Lee, J. C., Hall, D. L., & Wood, W. (2018). Experiential or material purchases? Social class determines purchase happiness. *Psychological Science, 29*, 1031-1039.

Lee, K. S. & Ono, H. (2008). Specialization and happiness in marriage: A US-Japan comparison. *Social Science Reseach, 37,* 1216-1234.

Li, C., Zuckerman, M., & Diener, E. (2019). Culture moderates the relation between income inequality and subjective well-being. *Journal of Cross-Cultural Psychology*. 0022022119883019.

前野隆司 (2013).『幸せのメカニズム：実践・幸福学入門』講談社現代新書

Markus, H. R. & Kitayama, S. (1991). Culture and the self: Implications for cognition, emotion, and motivation. *Psychological Review, 98*, 224-253.

Markus, H. R., Uchida, Y., Omoregie, H., Townsend, S. S., & Kitayama, S. (2006). Going for the gold models of agency in Japanese and American contexts. *Psychological Science, 17*, 103-112.

増田直紀 (2007).『私たちはどうつながっているのか：ネットワークの科学を応用する』中公新書

Matsumoto, D., Takeuchi, S., Andayani, S., Kouznetsova, N., & Krupp, D. (1998). The contribution of individualism vs. collectivism to cross-national differences in display rules. *Asian Journal of Social Psychology, 1*, 147-165.

Mesquita, B. & Leu, J. (2007). The cultural psychology of emotion. In S.

Kitayama & D. Cohen (eds.). *Handbook of cultural psychology*. pp.734-759. Guilford Press.

Metcalfe, R., Powdthavee, N., & Dolan, P. (2011). Destruction and distress: Using a quasi-experiment to show the effects of the September 11 attacks on mental well-being in the United Kingdom. *The Economic Journal, 121*, F81-F103.

Milgram, S. (1967). The small world problem. *Psychology Today, 2*, 60-67.

Miyamoto, Y. & Ryff, C. D. (2011). Cultural differences in the dialectical and non-dialectical emotion styles and their implications for health. *Cognition and Emotion, 25*, 22-39.

Miyamoto, Y., Uchida, Y., & Ellsworth, P. C. (2010). Culture and mixed emotions: Co-occurrence of positive and negative emotions in Japan and the United States. *Emotion, 10*, 404-415.

Morling, B., Kitayama, S., & Miyamoto, Y. (2002). Cultural practices emphasize influence in the United States and adjustment in Japan. *Personality and Social Psychology Bulletin, 28*, 311-323.

Morling, B. & Lamoreaux, M. (2008). Measuring culture outside the head: A meta-analysis of individualism-collectivism in cultural products. *Personality and Social Psychology Review, 12*, 199-221.

Munzel, A., Galan, J. P., & Meyer-Waarden, L. (2018). Getting by or getting ahead on social networking sites?: The role of social capital in happiness and well-being. *International Journal of Electronic Commerce, 22*, 232-257.

Myers, D. G. & Diener, E. (1995). Who is happy? *Psychological Science, 6*, 10-19.

内閣府 (2010). ひきこもりに関する実態調査

内閣府 (2011). 幸福度に関する研究会報告　幸福度指標案　http://warp.da.ndl.go.jp/info:ndljp/pid/10361265/www5.cao.go.jp/seikatsu/senkoudo/h23/23senkou_02.pdf

中谷巌 (2008).『資本主義はなぜ自壊したのか:「日本」再生への提言』集英社インターナショナル

日本青少年研究所 (2010). 高校生の意欲に関する調査:日本・アメリカ・中国・韓国の比較

Nisbett, R. E. (2003). *The geography of thought: How Asians and Westerners think differently and why*. Nicholas Brealey. [ニスベット, R. E.／村本由紀子（訳）(2004).『木を見る西洋人森を見る東洋人：思考の違いはいかにして生まれるか』ダイヤモンド社]

Nisbett, R. E. & Cohen, D. (1996). *Culture of honor: The psychology of violence in the South*. Westview Press. [ニスベット, R. & コーエン, D.／石井敬子・結城雅樹（訳）(2009).『名誉と暴力：アメリカ南部の文化と心理』北大路書房]

西本実苗・井上健（2004）. 震災後の心理的変化：人生観を中心とした検討. 人文論究, *54*, 72-86.

OECD (2017). OECD better life index. http://www.oecdbetterlifeindex.org/topics/life-satisfaction/

Ogihara, Y. & Uchida, Y. (2014). Does individualism bring happiness? Negative effects of individualism on interpersonal relationships and Happiness. *Frontiers in Psychology, 5*, 135.

Oishi, S. (2002). The experiencing and remembering of well-being: A cross-cultural analysis. *Personality and Social Psychology Bulletin, 28*, 1398-1406.

大石繁宏（2009）.『幸せを科学する：心理学からわかったこと』新曜社

Oishi, S. (2010). The psychology of residential mobility: Implications for the self, social relationships, and well-being. *Perspectives on Psychological Science, 5*, 5-21.

Oishi, S. & Diener, E. (2001). Goals, culture, and subjective well-being. *Personality and Social Psychology Bulletin, 27*, 1674-1682.

Oishi, S., Graham, J., Kesebir, S., & Galinha, I. C. (2013). Concepts of happiness across time and cultures. *Personality and Social Psychology Bulletin, 39*, 559-577.

Oishi, S. & Kesebir, S. (2015). Income inequality explains why economic growth does not always translate to an increase in happiness. *Psychological Science, 26*, 1630-1638.

Oishi, S., Kesebir, S., & Diener, E. (2011). Income inequality and happiness. *Psychological Science, 22*, 1095-1100.

Oishi, S., Schimmack, U., & Diener, E. (2012). Progressive taxation and the subjective well-being of nations. *Psychological Science, 23*, 86-92.

Ott, J. C. (2010). Good governance and happiness in nations: Technical quality precedes democracy and quality beats size. *Journal of Happiness Studies, 11*, 353-368.

Ott, J. C. (2011). Government and happiness in 130 nations: Good governance fosters higher level and more equality of happiness. *Social Indicators Research, 102*, 3-22.

Pavot, W. & Diener, E. (1993). Review of the satisfaction with life scale. *Psychological Assessment, 5*, 164-172.

Pilkington, H. & Johnson, R. (2003). Relations of identity and power in global/local context. *Cultural Studies, 6*, 259-283.

Putnam, R. D. (2000). *Bowling alone: The collapse and revival of American community*. Simon & Schuster. [パットナム, R. D.／柴内康文（訳）(2006).『孤独なボウリング：米国コミュニティの崩壊と再生』柏書房]

Putnam, R. D. (2015). Our kids: The American dream in crisis. Simon & Schuster. [パットナム, R. D.／柴内康文（訳）(2017).『われらの子ども：米国における機会格差の拡大』創元社]

Ram, R. (2010). Social capital and happiness: Additional cross-country evidence. *Journal of Happiness Studies, 11*, 409-418.

Rawls, J. (1971). *A theory of justice*. Belknap Press of Harvard University Press. [ロールズ, J.／川本隆史・福間聡・神島裕子（訳）(2010).『正義論　改訂版』紀伊國屋書店]

Rentfrow, P. J., Mellander, C., & Florida, R. (2009). Happy States of America: A state-level analysis of psychological, economic, and social well-being. *Journal of Research in Personality, 43*, 1073-1082.

Ryff, C. D. (1989). Happiness is everything, or is it?: Explorations on the meaning of psychological well-being. *Journal of Personality and Social Psychology, 57*, 1069-1081.

Ryff, C. D. & Keyes, C. L. M. (1995). The structure of psychological well-being revisited. *Journal of Personality and Social Psychology, 69*, 719-727.

坂本光司・幸福度指数研究会（2011).『日本でいちばん幸せな県民』PHP 研究所

Shakya, H. B. & Christakis, N. A. (2017). Association of Facebook use with compromised well-being: A longitudinal study. *American Journal of Epidemiology, 185*, 203-211.

清水裕士（2014).『個人と集団のマルチレベル分析』ナカニシヤ出版

Shweder, R. A. (1991). Cultural psychology: What is it? In R. A. Shweder (ed.). *Thinking through cultures: Expeditions in cultural psychology*. pp.73-110. Harvard University Press.

Stam, K., Sieben, I., Verbakel, E., & de Graaf, P. M. (2016). Employment status and subjective well-being: The role of the social norm to work. *Work, Employment, and Society, 30*, 309-333.

Suh, E. M. (2002). Culture, identity consistency, and subjective well-being. *Journal of Personality and Social Psychology 83*, 1378-1391.

Suh, E. M., Diener, E., Oishi, S., & Triandis, H. C. (1998). The shifting basis of life satisfaction judgments across cultures: Emotions versus norms. *Journal of Personality and Social Psychology, 74*, 482-493.

Talhelm, T., Zhang, X., Oishi, S., Shimin, C., Duan, D., Lan, X., & Kitayama, S. (2014). Large-scale psychological differences within China explained by rice versus wheat agriculture. *Science, 344*, 603-608.

Taylor, S. E. & Brown, J. D. (1988). Illusion and well-being: A social psychological perspective on mental health. *Psychological Bulletin, 103*, 193-210.

Toivonen, T., Norasakkunkit, V., & Uchida, Y. (2011). Unable to conform, unwilling to rebel?: Youth, culture, and motivation in globalizing Japan. *Frontiers in Cultural Psychology, 2*, 207.

Triandis, H. C. (1995). *Individualism and collectivism*. Westview Press.［トリアンディス , H. C.／神山貴弥・藤原武弘（編訳）(2002).『個人主義と集団主義：2つのレンズを通して読み解く文化』北大路書房］

Tsai, J. L., Knutson, B., & Fung, H. H. (2006). Cultural variation in affect valuation. *Journal of Personality and Social Psychology, 90*, 288-307.

Tsai, J. L., Louie, J., Chen, E. E., & Uchida, Y. (2007). Learning what feelings to desire: Socialization of ideal affect through children's storybooks. *Personality and Social Psychology Bulletin, 33*, 17-30.

Uchida, de Almeida, & Ellsworth, under review

内田由紀子・遠藤由美・柴内康文（2012）. 人間関係のスタイルと幸福感：つきあいの数と質からの検討 . 実験社会心理学研究 , *52*, 63-75.

Uchida, Y. & Kitayama, S. (2009). Happiness and unhappiness in east and west: Themes and variations. *Emotion, 9*, 441-456.

Uchida, Y., Kitayama, S., Mesquita, B., Reyes, J. A. S., & Morling, B. (2008). Is perceived emotional support beneficial? Well-being and health in independent and interdependent cultures. *Personality and Social Psychology Bulletin, 34*, 741-754.

Uchida, Y. & Norasakkunkit, Y. (2015). The Neet and Hikikomori spectrum: Assessing the risks and consequences of becoming culturally marginalized. *Frontiers in Psychology*. doi: 10.3389/fpsyg.2015.01117/

Uchida, Y., Norasakkunkit, V., & Kitayama, S. (2004). Cultural constructions of happiness: Theory and evidence. *Journal of Happiness Studies, 5*, 223-239.

内田由紀子・荻原祐二（2012）. 文化的幸福観：文化心理学的知見と将来への展望 . 心理学評論 , *55*, 26-42.

Uchida, Y. & Ogihara, Y. (2012). Personal or interpersonal construal of happiness: A cultural psychological perspective. *International Journal of Wellbeing, 2*, 354-369.

Uchida, Y., Takahashi, Y., & Kawahara, K. (2014). Changes in hedonic and eudaimonic well-being after a severe nationwide disaster: The case of the Great East Japan Earthquake. *Journal of Happiness Studies*. 207-221.

内田由紀子・竹村幸祐（2012）.『農をつなぐ仕事：普及指導員とコミュニティへの社会心理学的アプローチ』創森社

Uchida, Y., Takemura, K., Fukushima, S., Saizen, I., Kawamura, Y.,Hitokoto, H., Koizumi, N., & Yoshikawa, S. (2019). Farming cultivates a community-level shared culture through collective activities: Examining contextual effects with multilevel analyses. *Journal of Personality and Social Psychology, 116*, 1-14.

Uchida, Y., Townsend, S. S., Rose Markus, H., & Bergsieker, H. B. (2009). Emotions as within or between people?: Cultural variation in lay theories of emotion expression and inference. ***Personality and Social Psychology Bulletin, 35***, 1427-1439.

Uskul, A. K., Nisbett, R. E., & Kitayama, S. (2008). Ecoculture, social interdependence, and holistic cognition: Evidence from farming, fishing, and herding communities in Turkey. ***Communicative and Integrative Biology, 1***, 40-41.

Vazire, S. (2006). Informant reports: A cheap, fast, and easy method for personality assessment. ***Journal of Research in Personality, 40***, 372-481.

Veenhoven, R. (1999). Quality-of-life in individualistic society. ***Social Indicators Research, 48***, 159-188.

Weber, M. (1905). ***Die protestantische Ethik und der "Geist" des Kapitalismus***. J. C. B. Mohr.

Wilson, C. M. & Oswald, A. J. (2005). How does marriage affect physical and psychological health?: A survey of the longitudinal evidence, IZA Discussion Papers, No. 1619, Institute for the Study of Labor (IZA).

山田昌弘 (2009).『新平等社会：「希望格差」を超えて』文藝春秋

Yang, D. Y. J., Chiu, C. Y., Chen, X., Cheng, S. Y., Kwan, L. Y. Y., Tam, K. P., & Yeh, K. H. (2011). Lay psychology of globalization and its social impact. ***Journal of Social Issues, 67***, 677-695.

Yuki, M., Schug, J. R., Horikawa, H., Takemura, K., Sato, K., Yokota, K., & Kamaya, K. (2007). Development of a scale to measure perceptions of relational mobility in society. ***CERSS Working Paper Series, 75.***

山岸俊男 (1998).『信頼の構造：こころと社会の進化ゲーム』東京大学出版会

ジーレンジガー, M. (2013). 内田由紀子（訳）ひきこもり：現代日本社会の「行きづまり」を読み解く. 河合俊雄・内田由紀子（編）『「ひきこもり」考』pp.6-26. 創元社

著者紹介

内田由紀子（うちだ　ゆきこ）

京都大学人と社会の未来研究院院長・教授。専門は文化心理学・社会心理学。

1998年、京都大学教育学部教育心理学科卒業。2003年、京都大学大学院人間・環境学研究科博士課程修了。博士（人間・環境学）。日本学術振興会特別研究員PD、ミシガン大学Institute for Social Research客員研究員、スタンフォード大学心理学部客員研究員、甲子園大学人文学部心理学科専任講師、京都大学こころの未来研究センター助教、准教授を経て、2019年より現職。2019年9月～2020年5月、スタンフォード大学Center for Advanced Study in the Behavioral Sciencesフェロー。2010年から2013年まで内閣府「幸福度に関する研究会」委員。2021年より文部科学省中央教育審議会委員。2014年「たちばな賞」（京都大学最優秀女性研究者賞）、2016年日本心理学会国際賞（奨励賞）授賞。

『Journal of Personality and Social Psychology』『Emotion』などの国際学術誌に掲載されている論文多数。著書は『資本主義と倫理：分断社会をこえて』（分担執筆・東洋経済新報社）、『社会心理学概論』（共編・ナカニシヤ出版）、『「ひきこもり」考』（共編・創元社）、『農をつなぐ仕事：普及指導員とコミュニティへの社会心理学的アプローチ』（共著・創森社）、『文化を実験する：社会行動の文化・制度的基盤』（分担執筆・勁草書房）、『女性研究者とワークライフバランス：キャリアを積むこと、家族を持つこと』（分担執筆・新曜社）、『環境・福祉政策が生み出す新しい経済："惑星の限界"への処方箋』（分担執筆・岩波書店）、An Interdependent Approach to Happiness and Well-Being.（共著・Palgrave Macmillan）など。

新曜社 これからの幸福について
文化的幸福観のすすめ

初版第1刷発行　2020年　5月25日
初版第5刷発行　2024年10月25日

著　者　内田由紀子

発行者　塩浦　暲

発行所　株式会社　新曜社
〒101-0051　東京都千代田区神田神保町3-9
電話(03)3264-4973(代)・FAX(03)3239-2958
E-mail：info@shin-yo-sha.co.jp
URL：http://www.shin-yo-sha.co.jp

印　刷　星野精版印刷
製　本　積信堂

ⓒ Yukiko Uchida. 2020 Printed in Japan
ISBN978-4-7885-1679-3　C1011

新曜社刊

幸せを科学する
心理学からわかったこと
大石繁宏
四六判240頁
本体2400円

しあわせ仮説
古代の知恵と現代科学の知恵
J・ハイト
藤澤隆史・藤澤玲子 訳
四六判424頁
本体3300円

文化と実践
心の本質的社会性を問う
石黒広昭・亀田達也 編
四六判290頁
本体2900円

文化とは何か、どこにあるのか
対立と共生をめぐる心理学
山本登志哉
四六判216頁
本体2400円

日本人の〈わたし〉を求めて
比較文化論のすすめ
新形信和
四六判250頁
本体2400円

日本人の利益獲得方法
田中健滋
四六判208頁
本体1900円

「日本人」の心の深みへ
「縄文的なもの」と「弥生的なもの」を巡る旅
松本憲郎
四六判240頁
本体2400円

日本人と雑草
勤勉性を育む心理と文化
梶田正巳
四六判208頁
本体2100円

女性研究者とワークライフバランス
キャリアを積むこと、家族を持つこと
仲真紀子・久保（川合）南海子 編
A5判144頁
本体1600円

※表示価格は消費税を含みません。